# LE MARCHAND FORAIN,

## OPÉRA-COMIQUE

EN TROIS ACTES,

De MM. E. de Planard et P. Duport;

MUSIQUE DE M. MARLIANI.

Représeté pour la première fois, sur le théâtre royal de l'Opéra-Comique, le 31 octobre 1834.

Prix 2 Fr.

## PARIS,

MARCHANT, BOULEVART SAINT-MARTIN, N° 12;
BARBA, LIBRAIRE, PALAIS-ROYAL.

1834.

| PERSONNAGES. | ACTEURS. |
|---|---|
| M. DE LINDORF. | M. Génot. |
| Madame de LINDORF. | Mᵐᵉ Paul. |
| HENRI, officier, fils de M. de Lindorf. | M. Ponchard. |
| MINA, jeune fille. | Mᵐᵉ Casimir. |
| LE BARON DE TILMER, frère de madame de Lindorf. | M. Henry. |
| VALENTIN, marchand. | M. Thénard. |
| MARINETTE, sa servante. | Mᵐᵉ Hébert. |
| GEORGET, garçon de cabaret. | M. Deslande. |
| LIMBOURG, amoureux de Mina. | M. Couder. |
| Trois Courtiers de Valentin. | MM. Victor, Léon, Doulx. |
| Deux Voleurs. | MM. Louvet, Lanza. |

Soldats, Tambours, Bourgeois des deux sexes, Marchands de toute espèce.

La famille de Valentin.

*La scène est à Leipsik au premier acte ; et les deux autres se passent au château de M. de Lindorf en Autriche.*

IMP. DE J.-R. MEVREL,
Passage du Caire, 54.

# LE MARCHAND FORAIN,

## OPÉRA-COMIQUE.

## ACTE I.

*Le théâtre représente l'entrée d'un faubourg de Leipsik. A droite, au fond, une porte de la ville. Un boulevart dans le fond. A la première coulisse, à gauche, les ruines d'un ancien bâtiment féodal; la base d'une tour couverte de gazon existe encore, et l'on y voit une statue de pierre dans une niche. A droite, près du public, la porte d'un cabaret ombragée par une treille; une table et des siéges. Au lever du rideau, trois courtiers de marchandises sont assis à la table devant des pots de bière. De l'autre côté, deux voleurs sont assis sur les ruines de la tour, et paraissent occupés à jouer aux cartes. Dans le fond, bourgeois des deux sexes et de tout âge, portant des ballots, entrent dans la ville ou en sortent : d'autres qui se reposent assis sur leurs paquets : enfin, tableau animé de la foire de Leipsik.*

## SCÈNE PREMIÈRE.

HABITANS DE LEIPSIK, MARCHANDS ÉTRANGERS, TROIS COURTIERS, DEUX VOLEURS, MARINETTE *vêtue en marchande de chansons, et ayant l'air de chercher quelqu'un dans la foule.*

CHŒUR GÉNÉRAL.

Vive Leipsik, ce grand marché du monde !
Le rendez-vous du commerce et des arts !
Les quatre coins de la machine ronde,
Une fois l'an visitent ses remparts.

MARINETTE, *cherchant des yeux.*

Mon Dieu ! comme il tarde à paraître !

LES TROIS COURTIERS, *à table.*

Il ne vient pas ! où peut-il être ?

PREMIER VOLEUR, *à l'autre.*

Tu dis que le coquin est toujours cousu d'or ?

DEUXIÈME VOLEUR.

Tais-toi ! s'il vient ce soir, nous aurons son trésor.

*MARINETTE, agitant son tambour de basque.*

## COUPLETS.

Sur la place publique,
Sur le pavé du roi,
Moi, je tiens ma boutique
Toute de bon aloi.
Je n'ai point pour les belles
De bijoux précieux,
Et pour les infidelles
Point de philtre amoureux ;
Point de livre insipide
D'un auteur en renom ;
Point de liqueur perfide
Qui trouble la raison ;
Non, non, non, non !..

Je n'ai que des chansons,
Marchandise innocente !
Allons, messieurs, allons,
Heureux celui qui chante !
Allons, allons, allons,
Achetez mes chansons !

### CHŒUR.

Elle vend des chansons,
Marchandise innocente !
Allons, amis, allons,
Heureux celui qui chante !
Allons, allons, allons,
Achetons ses chansons.

### MARINETTE.

Oui, j'ai des chansonnettes
De toutes les façons,
Et des couplets de fêtes
Qui vont sur tous les noms ;
J'en ai pour le grand-père,
Les pepas, les mamans,
Les époux, le notaire
Et les petits enfans.
Voulez-vous que ma mère
Se fâche tout de bon,
Si ma bannette entière
Retourne à la maison ?
Oh ! non, non, non !..
Achetez mes chansons,
Marchandise innocente !
Allons, messieurs, allons,
Heureux celui qui chante !
Allons, allons, allons,
Achetez mes chansons !

### CHŒUR.

Elle vend des chansons, etc.

# SCÈNE II.

Les Mêmes, VALENTIN, *portant une balle sur le dos, des mou-*
*choirs dépliés sur son bras, un bâton ferré de l'autre main ; en*
*grosse veste, ceinture, chapeau ciré ; en costume enfin d'un pau-*
*vre petit marchand forain.*

VALENTIN, *dans le fond.*
Toile fine !
Mouchoirs blancs!
Mousseline !
Beaux rubans!

MARINETTE, *à part, vivement.*
C'est lui! c'est lui! j'entends sa voix !

LES TROIS COURTIERS.
C'est lui !.. silence tous les trois !

VALENTIN, *descendant la scène.*
Toile fine !
Mouchoirs blancs !
Mousseline !
Beaux rubans !

DEUXIÈME VOLEUR, *à l'autre.*
Tiens, le voilà !

PREMIER VOLEUR.
Ce pauvre diable !

DEUXIÈME VOLEUR.
Il veut passer pour misérable.

*Ensemble.*

MARINETTE, *à part.*
Il me voit bien, il me voit bien,
Mais il ne fait semblant de rien.

LES TROIS COURTIERS,
Il nous voit bien, il nous voit bien,
Mais il ne fait semblant de rien.

LES DEUX VOLEURS.
Nous le tenons, observons bien,
Et ne faisons semblant de rien.

VALENTIN, *à Marinette.*
Eh bien! ma gentille fillette,
Chez moi voulez-vous faire emplètte ?

MARINETTE , *près de lui.*
Hélas! si j'avais de l'argent!

VALENTIN, *bas et vite.*
Que fais-tu là ?

MARINETTE, *de même.*
Je vous attend.
De vous nous sommes tous en peine,
Et votre famille incertaine...

VALENTIN.

Tout y va bien?

MARINETTE

Parfaitement.

VALENTIN.

A ce soir, et rentre à l'instant.

MARINETTE, à haute voix.

Faites-moi crédit, je vous prie.

VALENTIN, la quittant.

Crédit? jamais! adieu ma mie!

*Il dépose sa balle sur un banc de pierre près du cabaret; on entend les tambours qui approchent en battant la retraite.*

DEUXIÈME VOLEUR, à l'autre.

La garde vient.

PREMIER VOLEUR.

Oui, la voici.

DEUXIÈME VOLEUR.

Nous resterons tout près d'ici.

*La garde et les tambours traversent le fond du théâtre.*

### Ensemble.

CHŒUR.

Vive Leipsik, ce grand marché du monde,
Le rendez-vous du commerce et des arts.
Les quatre coins de la machine ronde
Une fois l'an visitent ses remparts.

MARINETTE, regardant Valentin.

Il va pourtant bientôt finir sa ronde,
Et grace au ciel il est dans nos remparts;
Allons sur lui, rassurer tout le monde,
Mais pour rentrer, évitons les regards.

VALENTIN, à part.

Laissons, laissons retirer tout le monde,
Braves bourgeois, rentrez de toutes parts.
Moi, je n'ai pas encore fini ma ronde,
Un rendez-vous m'attend hors des remparts.

LES TROIS COURTIERS.

Ainsi que nous, il voit passer la ronde,
Observons bien ses pas et ses regards;
Laissons, laissons retirer tout le monde;
Et près de lui restons hors des remparts.

DEUXIÈME VOLEUR.

C'est bien lui!

PREMIER VOLEUR.

Il faut aller l'attendre.

DEUXIÈME VOLEUR.

Viens, cachons-nous près d'ici.

Tout le monde se retire, hors Valentin et les trois
courtiers.

## SCÈNE III.

VALENTIN, LES TROIS COURTIERS, GEORGET, *qui est*
*sorti du cabaret à la fin de la scène précédente.*

GEORGET.

Ah! ah! serviteur, père Valentin.

VALENTIN, *s'essuyant le front.*

Bonsoir, garçon, bonsoir.

GEORGET.

Je vous ai entendu crier comme de coutume: toile fine!
mousseline!.. et je viens savoir ce qu'il vous faut pour votre
souper?

VALENTIN, *allumant sa pipe.*

Toujours la même chose: mon hareng fumé, mon pot de
bière et une pomme de reinette; en voilà bien assez pour un
pauvre marchand forain.

GEORGET.

Bah! à la foire de Leipsik, l'argent roule.

VALENTIN.

On gagne sa vie, mais on a de la peine.

GEORGET.

Au fait, ça vous regarde, et chacun gouverne son estomac
suivant sa bourse; je vais vous servir; ces messieurs vous fe-
ront place.

Il rentre.

## SCÈNE V.

VALENTIN, LES TROIS COURTIERS.

Dès que Georget est parti, les trois hommes se lèvent et ôtent leur chapeau
avec déférence; Valentin s'assied seul à table en fumant sa pipe, et tire
de sa poche une petite écritoire, un tronçon de plume et un livret.

VALENTIN, *les yeux sur son livret.*

Herman, d'abord?

PREMIER COURTIER, *s'approchant.*

A vos ordres.

VALENTIN.

Tu me dois ce soir deux mille ducats.

**PREMIER COURTIER.**

Les voici.

**VALENTIN.**

Bon! et maintenant, que veux-tu?

**PREMIER COURTIER.**

Pouvez-vous me donner une traite de six mille piastres sur Lisbonne?

**VALENTIN.**

Oui. (*Il écrit quelques mots sur son livret, déchire le feuillet et le donne.*) Tiens.

**PREMIER COURTIER.**

A quel intérêt?

**VALENTIN.**

Aucun; je gagne assez à ce revirement.

**PREMIER COURTIER.**

Merci.

**VALENTIN,** *appelant.*

Frédérik Bulman?

**DEUXIÈME COURTIER,** *s'approchant.*

Me voilà; voulez-vous escompter ces quatre mille écus?

**VALENTIN,** *prenant le papier.*

Voyons... le chambellan de son altesse... (*Lui jetant le papier.*) Tu te moque de moi! cette signature ne vaut pas la fumée de ma pipe.

**DEUXIÈME COURTIER.**

L'armateur de Brest est chez moi; il apporte les cent quarante mille francs qui vous reviennent.

**VALENTIN.**

Fort bien: j'y vais aller à neuf heures précises, et deux pour cent de commission pour toi. (*Appelant.*) Et vous, George?

**TROISIÈME COURTIER.**

Les huit cent pièces de vin sont arrivées; j'avais des fonds pour les payer, et je vous dois encore.

**VALENTIN.**

Et ce marchand tailleur de la grande place? son billet de quatre cents écus est échu ce matin.

**TROISIÈME COURTIER,** *tenant un sac.*

Voici la somme; mais sa femme pleurait en regardant ses trois enfans et son vieux père.

**VALENTIN.**

Pourquoi?

**TROISIÈME COURTIER.**

Leur associé les a volés et a pris la fuite. Ils sont ruinés.

**VALENTIN.**

Et cependant ils ont payé!.. Allez, rendez-leur cet argent;
je le leur donne, et puisqu'ils sont honnêtes gens, j'arrangerai
leurs affaires; je protégerai leur commerce.

**TROISIÈME COURTIER.**

Comme ils vont vous bénir!

**DEUXIÈME COURTIER.**

Quel brave homme vous êtes!

**PREMIER COURTIER.**

Il n'y en a pas deux comme cela!

**VALENTIN.**

Oh! laissez-moi tranquille!.. On vient, allez-vous-en, bonsoir, et Dieu vous garde.

*Les trois courtiers sortent par divers côtés. La
nuit vient peu à peu.*

## SCÈNE V.

### VALENTIN, GEORGET.

**GEORGET.**

Voilà, maître Valentin, voilà votre régal.

**VALENTIN.**

Tant mieux! j'ai tant couru!.. Allons! je t'y prends encore! tu
n'écoutes jamais ce qu'on te dit.

**GEORGET.**

Quoi donc?

**VALENTIN.**

Je ne t'ai demandé qu'une pomme, et tu m'en apportes deux.

**GEORGET.**

Voyez le grand malheur! pour six deniers de plus!..

**VALENTIN.**

Et pourquoi veux-tu que je dépense six deniers inutilement?
sais-tu si je les ai? prodigue! libertin!

*Il lui jette la pomme.*

**GEORGET,** *la mangeant.*

Eh! mon Dieu, pas de bruit! je la mange pour vous; c'est
comme si vous ne l'aviez pas vue. . mais vous avez gardé la
plus grosse, pourtant.

**VALENTIN,** *soupant.*

Gourmand!

**GEORGET.**

Moi? j'avale cela pour vous faire plaisir; c'est un procédé de

*Le Marchand forain.*                                    2.

ma part; car depuis une semaine ou deux, impossible de rien manger ni boire.

### VALENTIN.

Tu es malade?

### GEORGET.

Oh! très malade! je suis amoureux.

### VALENTIN.

Imbécile!

### GEORGET.

Non, pas si imbécile, car elle est très jolie! c'est une fillette qui vend des chansons, qui rit toujours quand elle me voit planté devant elle, et qui vient rôder par ici avec un air de mystère.

### VALENTIN, *après un mouvement.*

Ah! oui!.. je sais qui tu veux dire. Eh bien?

### GEORGET.

Eh bien! hier au soir je la guettais au clair de lune; elle était assise là, au pied de cette grande statue; je me glissai doucement sur les ruines de la tour pour lui faire quelques niches, et je l'entendis qui disait en frappant du pied : « Allons! il ne reviendra pas encore aujourd'hui!.. » Dans ce moment, un moucheron m'entra dans le nez, et je n'eus que le temps de faire comme ça... ( *Il éternue.* ) Crac! elle avait disparu comme un moineau qui s'envole.

### VALENTIN, *à part.*

Quelle imprudence! ( *Haut.* ) Bon! il est si facile de se cacher dans les débris de ce vieux monastère!

### GEORGET.

Oh! non pas; je cherchai partout; il y a de la magie dans cette affaire, et je croirai plutôt que la statue a escamoté ma belle. Mais j'oublie mon ouvrage, je n'ai plus la tête à moi; l'aubergiste se fâche, et voilà un amour qui m'a déjà valu deux soufflets et trois coups de pieds par derrière.

*Il rentre.*

## SCÈNE VI.

### La nuit est close.
### VALENTIN, *seul.*

Il faudra la gronder cette étourdie de Marinette; bonne fille pourtant, si dévouée à la famille!.. Qui vient là?

## SCENE VII.

VALENTIN, LE BARON, *cherchant à le reconnaitre.*

**LE BARON.**

C'est sa voix !

**VALENTIN.**

Le baron !

**LE BARON.**

Moi-même.

**VALENTIN.**

Que voulez-vous encore ?

**LE BARON.**

Tu ne devines pas ?

**VALENTIN.**

De l'argent ?

**LE BARON.**

Eh ! sans doute !

**VALENTIN,** *brusquement.*

Serviteur.

**LE BARON,** *le retenant.*

Ne crois pas m'échapper, monstre d'ingratitude ! ne suis-je pas ton meilleur ami ? ne t'ai-je pas sauvé des curiosités de la police, quand elle voulut se mêler de ton industrie et de tes spéculations ?

**VALENTIN.**

Oui, vous m'avez fait avoir une patente qui valait dix écus, et je vous en ai donné quatre mille. Fort bien jusque-là ; le crédit d'un seigneur ruiné doit se payer cher, et je vous fais quittance de cette première somme ; mais, parbleu ! toutes celles que je vous ai prêtées depuis, je veux les rattraper.

**LE BARON.**

Eh bien ! mon cher enfant, va donc les demander aux jolies femmes qui m'adorent, aux amis que j'ai régalés, et au roi de pique ou à la dame de carreau. Tu n'entends pas cela, toi ? tu t'imagines qu'on peut vivre sans se livrer à tous les plaisirs ? tu te trompes beaucoup, cela n'est pas possible.

**VALENTIN.**

Soit ; en fait de plaisirs, voulez-vous m'en faire un ? payez-moi.

**LE BARON.**

Volontiers, je viens pour cela ; je t'apporte une sûreté admirable ; oh ! tu vas voir si j'entends les affaires depuis dix-huit mois que nous ne nous étions vus !

**VALENTIN.**

Au fait !

**LE BARON.**

M'y voici .. Tu sais mieux que personne qu'avec mon noble héritage j'ai encore dissipé la dot de ma sœur, renfermée dévotement dans son couvent; mais pour dédommager la pauvre petite, je l'ai mariée au riche conseiller d'état Lindorf.

**VALENTIN.**

Ah! diantre! ce vieillard dont l'immense fortune?..

**LE BARON.**

Eh! pas si vieux, ma foi!.. Il est papa, parbleu! il y a quelques semaines que ma sœur lui a donné une jolie petite fille dont je suis parrain.

**VALENTIN,** *impatient.*

Qu'est-ce que cela fait à vos affaires et à mon argent?

**LE BARON.**

Beaucoup! un homme de soixante ans est fier d'une progéniture récente; mon beau-frère est dans une joie qui le rend amoureux fou de sa jeune femme; et j'ai si bien profité de son transport, que demain, mon ami, demain! pour célébrer généreusement le baptême de sa fille, il donne à ma sœur, par-devant notaire, la moitié de ses biens, domaines et châteaux!

**VALENTIN,**

Comment, diable!

**LE BARON**

Y es-tu, maintenant? me vois-tu l'intendant d'une sœur millionaire, qui n'a que seize ans, et qui ne connaît que ma volonté? vois-tu tes écus d'or rentrer dans ta caisse avec les intérêts que tu voudras?.. tes yeux brillent déjà; je te vois attendri! et j'ai trouvé pourtant le chemin de ton cœur!

**VALENTIN.**

Un instant, dites-moi; le vieux conseiller, votre beau-frère n'avait-il pas un fils d'un premier mariage?

**LE BARON.**

Oui; un sujet détestable, brouillé avec son père, déshérité, banni; tout va le mieux du monde. Allons, ouvre ta bourse, et en attendant que je sois riche, prête-moi mille ducats dont j'ai absolument besoin.

**VALENTIN.**

Voici mes conditions. Je veux régler nos comptes, anciens et nouveaux, et vous m'apporterez la signature de votre sœur.

**LE BARON.**

Volontiers, à quelle heure?

**VALENTIN.**

Un peu avant le jour.

**LE BARON.**

En quel lieu?

VALENTIN.

Où vous êtes déjà venu.

LE BARON.

Quoi! encore un voyage un bandeau sur les yeux, tenu par deux hommes, et un poignard sur la gorge?

VALENTIN.

Oui, je le veux ainsi.

LE BARON.

Et il faut toujours que j'aille attendre tes estaffiers au bord du fleuve, sous la première arche du pont?

VALENTIN.

Toujours.

LE BARON.

Allons, tu fais de moi tout ce que tu veux.

VALENTIN, *raillant.*

Quelle complaisance!

LE BARON.

Adieu donc.

VALENTIN.

Adieu.

LE BARON.

Ne va pas m'oublier.

VALENTIN.

Il suffit. (*Écoutant.*) C'est l'horloge qui sonne?

LE BARON.

Oui, neuf heures.

VALENTIN.

Bonsoir.

LE BARON.

Adieu, tyran Crésus.

Ils sortent, le baron par la droite, Valentin par la gauche; en même temps on voit sortir Henri d'une maison de peu d'apparence.

## SCENE VIII.

HENRI, *seul, en redingotte d'uniforme.*
On entend crier dans les ruines :

Au secours!.. au secours!..

HENRI, *tirant son épée et courant.*

Ah! quels cris de détresse !

## SCENE IX.

GEORGET, *sortant vivement du cabaret.*

Allons! encore du tapage dans les ruines du monastère. C'est comme ça tous les soirs ! toujours des querelles !.. Si je courais y voir! (*S'arrêtant.*) Des épées!.. serviteur!.. ça me coupe les jambes!.. ils viennent par ici!.. fermons vite la porte ah ! que c'est gênant d'être poltron quand on est curieux !

*Il rentre vivement et ferme la porte du cabaret.*

## SCÈNE X.

VALENTIN, *pâle, sans chapeau ni balle, en désordre*, HENRI, *l'épée d la main et le soutenant.*

*Il y au ne tenue en sourdine dans l'orchestre, pendant laquelle les person-nages parlent ce qui suit.*

VALENTIN.

Ah! monsieur quelle reconnaissance!.. sans le hazard qui vous a conduit à mon secours!..

HENRI.

Vous n'êtes pas blessé ?

VALENTIN.

Non! non!..

HENRI.

J'entends marcher.

VALENTIN.

Ils nous suivent!.. venez! ils se sont réunis.

HENRI.

Par où?

VALENTIN, *vers la tour.*

Par ici... La statue...

HENRI.

Eh! bien?

VALENTIN.

Cherchez sous le bras gauche...

HENRI, *obéissant.*

Comment?

VALENTIN.

Trouvez-vous un anneau.

HENRI.

En effet.

VALENTIN.

Tirez fort.

HENRI, *poussant.*

Quel mystère!

*La statue tourne sur elle-même et son dos creusé présente une ouverture. L'orchestre fait enten-dre un bruit souterrein.*

**VALENTIN**, *entraînant Henri.*

Venez! venez! entrons! et ne craignez plus rien.

> *Ils disparaissent. La statue se replace comme auparavant.*

> *Le théâtre change et représente une salle souterraine voûtée, et qui ne prend que la profondeur des premiers plans du théâtre. Dans le fond trois portes massives et sculptées en chêne noirci. Une petite porte pareille de chaque côté à la seconde coulisse; les sculptures représentent des guerriers armés de toutes pièces. A gauche on voit un petit escalier tournant qui est censé descendre de la rue dans le souterrain; toutes les portes sont fermées. Dans les plans reculés et au-dessus des grandes portes du fond, une colonnade avec une rampe de pierre sculptée à jour, praticable par derrière, et qui annonce l'entrée d'une cathédrale bâtie sur le souterrain où va continuer la pièce.*

## SCENE XI.

**VALENTIN, HENRI,** *descendant l'escalier tournant.*

**VALENTIN**, *à Henri.*

Oui, oui, je me sens mieux; cette attaque soudaine m'avait surpris; mais les forces me reviennent et nous voici en sûreté.

**HENRI**, *regardant.*

Et où sommes-nous donc?

**VALENTIN.**

Chez moi, monsieur; j'habite un souterrain; ces trappes, ces routes obscures, où vous venez de passer, ont été imaginées il y a bien long-temps par ce tribunal mystérieux qu'on appelait les Francs-Juges. Vous voyez autour de vous les emblèmes de leur puissance; et pour venir ici ou en sortir, il y a quatre galeries secrètes qui aboutissent au loin dans la ville ou dans la campagne.

**HENRI.**

Et pourquoi vous cacher comme ces juges terribles? est-ce encore pour faire le mal?

**VALENTIN.**

Non, mais pour empêcher qu'on ne m'en fasse. Écoutez, monsieur. Vous avez sauvé la vie à un bon père de famille: J'ai huit enfans qui m'ont donné chacun de nombreux descendans. Tout cela travaille; nous voyageons, mes fils et moi; nous étendons notre commerce aux quatre parties du monde; nous sommes riches; mais je cache mon industrie; je parcours l'Allemagne un bâton à la main, ma balle sur le dos, en pauvre colporteur; et cette ceinture qui vaut dix sous, recèle près d'un million que je viens de ramasser pendant mon voyage.

Voici mon porte-feuille; le voulez-vous, monsieur! prenez! et je ne suis pas encore quitte.

**HENRI,** *refusant.*

Que faites-vous !.. jamais !...

**VALENTIN.**

Oh ! ne croyez pas que ma fortune soit mal acquise ! et apprenez les motifs du mystère qui m'environne. Je suis, hélas! de race Bohémienne ! ce mot vous dira tout... On nous persécute, et parce qu'il y a des fripons parmi nous, on veut que nous en soyons tous. Déjà un électeur souverain a confisqué la moitié de mes richesses pour me payer du prêt que je lui en avais fait ; un bon arrêt, bien équitable me traînait en prison ; nous nous sommes sauvés sur le territoire de Leipsik : et peut-être serons-nous forcés de nous en éloigner encore ; mais en quelque coin de la terre que le sort me fasse camper, je prierai Dieu, monsieur, pour l'homme généreux qui a sauvé mes jours en exposant les siens.

**HENRI.**

Oui, j'ai besoin que Dieu me protége. Sans appui, fugitif, je pars cette nuit même ; une barque m'attend pour descendre le fleuve ; un patron Hollandais m'a pris à son service, et je vais courir les mers et les contrées les plus éloignées.

**VALENTIN,** *vivement.*

Vous êtes malheureux !... oh ! dites-moi vos peines! je veux les partager ! j'y ai des droits, monsieur !

**HENRI.**

Peu de mots suffiront. Je suis le fils du conseiller Lindorf.

**VALENTIN.**

Qu'entends-je ?

**HENRI.**

Vous connaissez mon père ?

**VALENTIN.**

N'est-ce pas lui qui s'est remarié avec la jeune sœur de ce baron Tilmer si renommé par ses désordres et ses folies ?

**HENRI.**

Oui, le baron s'est emparé de l'esprit de mon père, il entretient avec soin son courroux contre moi.

**VALENTIN.**

Son courroux? quel en est donc le motif?

**HENRI.**

Mon amour pour une jeune orpheline noble et vertueuse, mais sans fortune. Mon père a découvert notre hymen secret: il m'a maudit ! on m'a ôté ma lieutenance, et la chancellerie a donné un ordre pour m'enfermer dans une prison d'état. Je pars, je me dérobe à tant de cruautés, mais j'ai le cœur déchiré en laissant dans l'abandon la jeune compagne de mon infortune.

VALENTIN, *vivement.*

Votre femme?... je m'en charge, monsieur! je veillerai sur elle!.. elle sera ma fille! la sœur de mes enfans!.. un de plus! Eh! tant-mieux!

HENRI.

Ah! serait-il possible! quoi! je pourrais partir en lui laissant un protecteur?

VALENTIN.

Ne doutez pas de moi. Où est-elle? voyons.

HENRI.

La maison du rempart, n°. 7.

VALENTIN.

Fort bien; c'est ici près.

HENRI.

Mais un nom supposé la cache au ressentiment de mon père.

VALENTIN.

Et quel nom porte-t-elle?

HENRI.

Madame Volf.

VALENTIN, *ouvrant une porte latérale à gauche.*

Entrez là, il y a de la lumière et une table, à gauche. Ecrivez, laissez-moi quelques lignes pour elle, dites-lui seulement que je vous dois la vie.

HENRI.

Et que vous méritez toute sa confiance.

VALENTIN, *le faisant entrer.*

C'est cela, dépêchons, puisque l'on vous attend.

## SCENE XII.

### VALENTIN, MARINETTE.

VALENTIN, *ouvrant une porte d droite.*

Holà?

MARINETTE, *entrant.*

Ah! grâce à Dieu, c'est vous!... mon cher maître!.

VALENTIN.

Tais-toi.

MARINETTE.

Je cours prévenir tout le monde.

*La Marchand forain.*　　　　　　　　　　3.

**VALENTIN.**

Non, non, dans un instant.

**MARINETTE.**

Après six mois d'absence !.. quelle joie pour la famille !

**VALENTIN.**

Ecoute.

**MARINETTE.**

On prépare une fête !.. nous n'avons pas dansé depuis votre départ.

**VALENTIN,** *impatienté.*

Paix donc ! tête légère !.. où est le vieux Bertrand ?

**MARINETTE.**

A son bureau.

**VALENTIN.**

Qu'il aille sur le rempart tout de suite, maison numéro 7. Là, il demandera madame Volf.

**MARINETTE.**

Bon. Le numéro 7, madame Volf.

**VALENTIN.**

Et qu'il m'amène cette dame dans mon petit salon, où personne avant moi ne la verra.

**MARINETTE.**

Vous seul ?

**VALENTIN.**

Oui.

**MARINETTE.**

Et par quel souterrain ?

**VALENTIN.**

Celui de l'orient. Et si madame Volf refusait de venir, Bertrand lui dira que son mari l'attend, qu'il est caché ici, et cela suffira.

**MARINETTE.**

Je vais vous obéir, mais je n'y comprends rien.

**VALENTIN,** *l'arrêtant.*

J'oubliais !... en sortant tu diras à Philippe d'aller chercher le baron de Tilmer, qui attend sous la première arche du pont.

**MARINETTE.**

Oui, monsieur Valentin.

**VALENTIN.**

On me l'amènera par la porte du nord.

**MARINETTE.**

Oui, monsieur Valentin... le nord et l'orient, une dame !..
un baron !.. oh ! quelle nuit superbe !.. mystère sur mystère !

*Elle sort en récapitulant sur ses doigts toutes ses commissions.*

## SCÈNE XIII.

### VALENTIN, HENRI.

**HENRI,** *tenant un papier.*

Voici ma lettre, lisez-là, vous verrez...

**VALENTIN,** *serrant la lettre dans sa poche.*

Ne songez plus qu'à vous. Vous êtes jeune, allons, espérance et
courage !

**HENRI.**

Vous m'en avez donné, et maintenant adieu. Faites-moi sortir d'ici avant que le jour paraisse; on pourrait m'arrêter en tra-
versant la ville, j'ai signé un engagement à ce capitaine; il
m'attend et je pars.

**VALENTIN.**

Mais de l'argent ? prenez.

**HENRI.**

J'en ai, embrassons-nous.

**VALENTIN,** *lui donnant une carte.*

Vous m'écrirez du moins; tenez, par cette voie, et s'il vous
faut des fonds...

**HENRI.**

Adieu ! conduisez moi.

**VALENTIN,** *vivement.*

Une minute encore, c'est aujourd'hui ma fête; chaque an-
née pour ce jour solennel, tous mes enfans se réunissent ici;
ma famille vous doit ses bénédictions; attendez, attendez, cela
porte bonheur*.

## SCÈNE XIV.

### HENRI, VALENTIN, SA FAMILLE.

**CHŒUR,** *très-vif.*

Ah! c'est lui ! ce bon père !
Doux moment ! quel bonheur !
Ah ! ce jour si prospère
Vient charmer notre cœur !

*Il tire une petite chaîne placée contre le mur en guise de sonnette,
les trois portes du fond s'ouvrent et laissent voir une seconde salle obscure d'où la famille de Valentin, enfans, petits-enfans et domestiques se
précipitent à sa rencontre.

VALENTIN , *dans leurs bras.*

Mes enfans! mes amis! oh! famille si chère!
Voyez tous ce noble inconnu :
Sans lui vous n'aviez plus de père!
Contre des assassins son bras m'a défendu.

CHŒUR.

Oh ciel!

HENRI.

Que mon cœur est ému!

CHŒUR , *aux genoux d'Henri.*

Ah! que le ciel vous récompense!
Que sa bonté veille sur vous!
Voyez notre reconnaissance!
Et pour jamais comptez sur nous!

HENRI, *à Valentin.*

Je vois à leur reconnaissance
Combien vous en êtes chéri.

VALENTIN.

Ah! que le ciel vous récompense!
Et soyez toujours notre ami.

HENRI.

Adieu! je pars. Le temps me presse.

VALENTIN. *Bruit souterrain.*

Rentrez tous; qu'on me laisse!
Quelqu'un arrive dans ces lieux.

*à Henri, lui désignant un de ses fils.*

Suivez, suivez mon fils; recevez nos adieux.

### Ensemble.

VALENTIN , *et sa famille.*

Ah! que le ciel vous récompense!
Que sa bonté veille sur vous!
Voyez notre reconnaissance ,
Et pour jamais comptez sur nous.

HENRI.

Ah! de votre reconnaissance ,
Tous les transports me sont bien doux!
Amis , voilà ma récompense ;
Je suis heureux ainsi que vous.

*Henri remonte l'escalier avec son guide. Toute la famille rentre dans le salon. Les portes se referment.*

## SCENE XV.

**VALENTIN**, *seul , tenant le papier qu'Henri lui a remis.*

Le voilà donc celui que mon scélérat de baron veut à jamais éloigner de son père!... oh! nous verrons! et si je puis le servir!.. oui, cet écrit qu'il m'a laissé... (*Parcourant des yeux le papier.*) Pauvres jeunes époux!.. (*Vivement.*) Que vois-je!... ah! je ne savais pas encore tous leurs chagrins! et mon devoir m'ordonne!.. On vient! c'est le baron.

*Il serre la lettre.*

## SCENE XVI.

VALENTIN, LE BARON, *un bandeau sur les yeux*, *et conduit par deux hommes qui ressortent aussitôt.*

### VALENTIN, *gaiment.*

Me voilà, mon aimable débiteur. Otez votre bandeau, découvrez ces yeux qui font la guerre à toutes les belles.

### LE BARON, *jetant son bandeau*

Que l'enfer te confonde avec tes sottes plaisanteries! je suis désespéré! et le sort m'assassine!

### VALENTIN.

Quel vertige vous prend?

### LE BARON.

Tout est perdu, te dis-je! adieu la fortune de ma sœur, adieu ton argent, et toutes mes espérances! cette chère enfant qui rendait mon vieux beau-frère si joyeux et si libéral, cette pouponne que le docteur envoya dès sa naissance chez une nourrice de campagne, dont le baptême s'apprête et dont j'aurais à mon aise administré les richsses!..

### VALENTIN.

Eh! bien?

### LE BARON.

La petite sotte n'a pas voulu vivre trois semaines! elle vient de mourir pour me jouer le tour le plus épouvantable!

### VALENTIN.

Ah! mon Dieu!

### LE BARON.

La nourrice qui m'est dévouée et qui savait tous mes desseins, vient d'arriver chez moi mystérieusement, au milieu de la nuit pour m'annoncer la fatale nouvelle. Je lui ai dit de se taire; je l'ai enfermée à double tour dans ma chambre, et je me sauve ici de tous mes créanciers. Me voilà. Fais de moi tout ce que tu voudras; tu peux me mettre en gage; mais tu seras bien adroit si sur cette nipe-là tu peux trouver un écu. Le plus court est je crois, de me faire sauter la cervelle!

### VALENTIN.

Oh! doucement! d'abord rendez-moi mon argent!

### LE BARON.

Eh! malédiction! où veux-tu que j'en prenne! je suis assassiné, ruiné, sans ressource!

### VALENTIN.

Peut-être; que sait-on?

### LE BARON.

Comment, peut-être?

**VALENTIN.**

Eh ! oui. Voyons un peu. La mort de votre nièce n'est-elle encore connue que de vous et de la nourrice ?

**LE BARON.**

Oui... mais que veux-tu dire ?

**VALENTIN.**

Et ce secret peut-il se garder à jamais ?

**LE BARON,** *vivement.*

Quoi ! ton dessein ?...

**VALENTIN.**

Pensez-y bien, voyons, pouvez-vous empêcher toute indis-crétion ?

**LE BARON.**

J'en suis sûr, mais abrège ! tu me tiens au supplice !

**VALENTIN,** *souriant.*

Vous me faites rire ! et votre désespoir n'a pas le sens commun ! pauvre esprit ! ne savez-vous donc pas que je fais un commerce universel, moi ? oubliez-vous que j'ai dans mes magasins des marchandises de toute sorte ? il vous faut un enfant ? je vais vous le donner.

**LE BARON,** *très-vivement.*

Qu'entends-je !

**VALENTIN,** *gaîment, tenant une bourse.*

Eh oui ! vraiment ! nous autres bohémiens, nous plantons no-tre race partout où nous pouvons ; et quand on est trente-deux fois grand-père on ne doit pas manquer un marché de la sorte. Celui-ci me convient ; un de mes rejetons va devenir la fille d'un conseiller-d'état, un jour riche héritière !.. Ma foi l'af-faire est bonne ! et je donne en retour le millier de ducats que vous veniez chercher. Etes-vous décidé ?

**LE BARON,** *saisissant la bourse.*

Embrasse-moi, génie du commerce ! donne-moi cet enfant ! l'heure presse, vois-tu ! et les cloches du baptême vont caril-lonner dans dix minutes !

**VALENTIN,** *sortant vivement.*

Cela vaut fait, vous dis-je ; attendez un instant.

# SCENE XVIII.

### LE BARON, *seul.*

### FINALE.

Oh ! le coquin ! oh ! le grand homme !
Le ciel l'a fait exprès pour moi !

De tout fripon que l'on renomme
Il est le chef, il est le roi !
Ah ! je suis dans l'ivresse
Et grace à son adresse
Le jeu, la table, et les amours,
vont encore embellir mes jours !
On me gronde sans cesse;
Et ne sait-on pas bien
Que sur moi la sagesse
Ne pourra jamais rien ?
Oh ! c'est une folie
Que vaincre ses désirs ;
Rien n'est vrai dans la vie
Si ce n'est les plaisirs !
Ah ! je suis dans l'ivresse.
Et grace à son adresse
Le jeu, la table et les amours
Vont encore embellir mes jours !

## SCÈNE XIX.

VALENTIN *suivi de deux hommes qui reprennent le bandeau comme pour en couvrir les yeux du baron*, LE BARON.

VALENTIN, *au baron.*
Allons, allons, partez, le jour vient de paraître.

LE BARON.
Et cet enfant :

VALENTIN, *désignant la coulisse.*
Paix ! il est là.
Sur vos pas on l'apportera.
Quand vous serez dehors on va vous le remettre.
Mes ordres sont donnés.

LE BARON
Oh ! quel sublime tour !

VALENTIN.
Mais partez donc !

LE BARON,
Adieu !

VALENTIN.
Bonjour.

*Le baron sort emmené par les deux hommes.*

## SCÈNE XX.

VALENTIN, MARINETTE, *arrivant par une porte du fond.*

## DUO.

MARINETTE.
Ainsi donc la nuit est passée
Sans un instant pour le plaisir !

VALENTIN.

Viens encor, et sois empressée
A m'écouter, à m'obéir.

MARINETTE.

Encor courir !

VALENTIN.

Tais-toi ! silence !

MARINETTE.

Je n'en puis plus !

VALENTIN.

Paix donc ! silence !
Tu me dois obéissance
Et d'ici tu vas sortir ;
J'ai compté sur ta prudence
Pour m'entendre et me servir.

MARINETTE.

Ah ! mon Dieu ! quelle nouvelle !

VALENTIN.

Sois discrète, sois fidelle !

MARINETTE.

Quoi, je vais sortir d'ici ?

VALENTIN.

Oui, je te donne un mari
Qui pour toi brûle et soupire.

MARINETTE, *riant*.

Un mari ?

VALENTIN.

Ça te fait rire ?

MARINETTE.

Un mari !

VALENTIN.

C'est très certain.

MARINETTE

Et quel jour ?

VALENTIN.

Demain matin.

MARINETTE.

Un mari dès demain ?

VALENTIN.

Un mari dès demain.

MARINETTE, *saluant*.

Je vous dois obéissance,
Et selon votre désir
En faisant la révérence
Je réponds : avec plaisir.

VALENTIN, *chant vif*.

Sois discrète, sois fidelle !

MARINETTE.

Ah ! mon Dieu, quelle nouvelle !

VALENTIN.

Oui, tu vas sortir d'ici.

MARINETTE.

Je vais avoir un mari !

VALENTIN.

Oui, bientôt...

MARINETTE.

Et qui soupire ?

VALENTIN.

Amoureux.

MARINETTE, *riant.*

Ça me fait rire !

VALENTIN.

Un vrai sot.

MARINETTE.

Ce cher ami !

VALENTIN.

Un vrai sot.

MARINETTE.

Un bon mari ?

VALENTIN.

Excellent !

MARINETTE.

Ce cher ami !

*Ensemble.*

VALENTIN.

Tu me dois obéissance
Et d'ici tu vas sortir ;
J'ai compté sur ta prudence ;
Songe bien à me servir.

MARINETTE.

Je vous dois obéissance
Et selon votre désir,
En faisant la révérence
Je réponds : avec plaisir.

*Ici les trois portes se rouvrent, et laisse voir le second
souterrain éclairé par des lustres de cristal, et meu-
blé somptueusement de glaces, de vases d'or, etc. ;
les murs sont couverts de riches tapisseries; enfin il
y règne tout le luxe d'une espèce de bazar. La famille de Valentin est debout autour d'une grande
table magnifiquement servie.*

CHŒUR.

D'un ami, d'un bon père,
Célébrons le retour ;
Notre cœur est sincère
Dans ses vœux, son amour.

*On entend au-dessus du souterrain des cloches, et un
orgue annonçant une cérémonie religieuse.*

VALENTIN, *s'arrêtant sur le seuil de la porte du milieu du second souterrain.* — *A part.*

Eh! mais je crois les cloches sonnent...
Oui jusqu'à nous elles résonnent.
Il n'aura pas perdu de temps
C'est le baptême...

*Appelant doucement du geste ses enfans.*

O mes enfans!
Une auguste cérémonie
En ce moment comble mes vœux ;
Là haut, pour un enfant on prie,
Tous à genoux!... prions comme eux.

*En ce moment à travers les jours de la colonnade qui est au-dessus du souterrain, on voit passer le cortège d'un baptême; le baron de Tilmer donne la main à la marraine. Une nourrice porte un enfant.*

*Ensemble.*

CHŒUR DU BAPTÊME.
Dieu de clémence,
Que ta puissance,
Sur son enfance
Veille toujours.

CHŒUR *des Bohémiens agenouillés dans le souterrain.*
Joignons-nous à leur prière,
Pour qu'il ait des jours prospères,
Dieu puissant, Dieu de nos pères,
Accorde-lui ton secours.

*Tableau, sur lequel le rideau se baisse.*

*Fin du premier acte.*

# ACTE II.

*La scène est au château de M. de Lindorf. Le théâtre repré-
sente une salle de verdure. Charmilles taillées en mur avec
des ouvertures symétriques. Dans le fond, derrière et au-
dessus des charmilles, une colline praticable. A droite, un
commencement d'allée qui est censée conduire aux bâtimens
du château. A gauche, la façade et la porte d'une ferme
enclavée dans le parc.*

## SCÈNE PREMIERE.

### M. DE LINDORF, MAD. DE LINDORF, MINA, LIMBOURG, MARINETTE.

*Au lever du rideau, ils sont assis, hors Limbourg, qui regarde dessiner Mina
sur un chevalet. Madame de Lindorf brode au tambour. M. de Lindorf
est appuyé sur une canne, et assis dans un fauteuil de jonc. Marinette
file sa quenouille; elle est habillée et coiffée en bonne fermière du pays.*

### CHANT.

#### *Ensemble.*

##### M. ET MAD. DE LINDORF, MINA.

Charmant pays, séjour tranquille !
Tu satisfais tous nos désirs.
Loin de la cour, loin de la ville
Tous nos instans sont des plaisirs.

##### MARINETTE.

Charmant pays, séjour tranquille !
Tu satisfais tous leurs désirs !
Loin de la cour, loin de la ville
Tous leurs instans sont des plaisirs.

##### LIMBOURG, *à part.*

Charmant pays, séjour tranquille !
Tu satisfais tous mes désirs ;
Reçois, hélas ! quand je m'exile
Et mes regrets et mes soupirs !

##### M. DE LINDORF, *se levant.*

Eh bien ! ma fille, ton ouvrage ?..

##### MINA, *se levant.*

Non !.. je ne veux pas le finir.

##### LIMBOURG.

Et pourquoi donc ? ah ! quel dommage !

##### MINA.

Je réfléchis.

##### MAD. DE LINDORF, *souriant*

Toi réfléchir ?

MINA, *se frappant le front.*

Oh! maman, point de raillerie.
Oui, cette tête de génie
Rêve un tableau qui vous plaira.

LES AUTRES.

Voyons, quel est ce projet-là?

## AIR.

MINA.

Un riant paysage
M'arrêta l'autre jour,
Et j'ai gardé l'image
De ce charmant séjour;
Demain, avec l'aurore,
J'y porte mon pinceau;
Mais mon cœur veut encore
Embellir le tableau.
Là, je peindrai mon père,
Tout auprès de ma mère
Sous le feuillage assis;
Je peindrai Marinette,
Son mari qui la guette,

*Regardant Limbourg.*

Et puis?..

MAD. DE LINDORF.

Et puis?..

MARINETTE, *avec malice.*

Et puis?..

LIMBOURG, *à part.*

Je sens un trouble extrême.

MINA, *continuant.*

Enfin, tous ceux que j'aime y seront réunis.

LES AUTRES.

Tous ses amis, tous ses amis.

MINA.

Tous mes amis, tous mes amis.

MARINETTE.

Souffrez, mademoiselle,
Qu'ici je vous rappelle
Le vieux berger.

MINA.

Assurément;
Ce bon Marcel! il m'aimait tant!

*Continuant son air.*

Je fais son portrait
Avec sa musette,
Comme s'il jouait
Une chansonnette.
On croira le voir
Au bal du village,
Quand il fait, le soir,
Danser sous l'ombrage.

Et son air malin,
Son demi-sourire
Semblera nous dire
Son joyeux refrain :
« Allons, ma fillette,
« Marchons à la fête,
« Prends fraîche toilette
« Et nouveaux atours.
« Viens danser, ma belle,
« Le plaisir t'appelle,
« N'y sois pas rebelle,
« Voici tes beaux jours.»

#### M. DE LINDORF, à Mina, passant près d'elle.

Bien ma fille, très bien, ce tableau de famille ne peut que nous plaire; mais rentrons au château, je sens un peu de lassitude.

#### MINA.

Prenez mon bras, mon père.

#### M. DE LINDORF.

Volontiers, mon enfant; quand je suis près de toi, j'oublie tout ce qui peut affliger un vieillard.

Ils sortent.

## SCÈNE II.

MARINETTE, GEORGET, *fort engraissé depuis le premier acte, et habillé en gros fermier.*

Pendant la sortie de la scène précédente, Georget est arrivé lentement, a pris le fauteuil de M. de Lindorf, l'a porté sur le bord du théâtre, et s'est assis en poussant un gros soupir. Marinette est allée porter dans la ferme le portefeuille de Mina et l'ouvrage de madame de Lindorf et revient.

#### MARINETTE, revenant.

Ah! te voilà, mon homme?

#### GEORGET, tristement.

Oui, ma femme!

#### MARINETTE.

D'où viens-tu?

#### GEORGET.

De chez le garde-forestier.

#### MARINETE.

Et qu'y allais-tu faire?

#### GEORGET.

Rien. Quand on est malheureux comme moi, quand on est un grand inutile dans ce monde, il faut bien se distraire. Nous avons mangé un faisan de sa majesté l'empereur d'Autriche, la moitié d'un fromage, et nous avons avalé deux bouteilles de vin du Rhin.

Il soupire.

**MARINETTE.**

Ah çà! qu'est-ce que tu as donc?

**GEORGET.**

Tu veux le savoir?

**MARINETTE.**

Oui.

**GEORGET**, *se levant et solennellement.*

Eh bien! j'ai une idée fixe dans la tête.

**MARINETTE.**

Une idée, toi? et depuis quand?

**GEORGET.**

Depuis que tu as fait la sottise de me lire à la veillée les aventures de ce mécréant, de ce chevalier Faust, qui fit un pacte avec Lucifer pour s'amuser pendant sa vie. Voilà mon histoire, à moi; il y a de la magie dans tout ce qui m'arrive. Sans le vouloir, hélas! il faut que j'aie passé quelque petit bail avec Satan, et tu es la cause de tout cela.

**MARINETTE**, *riant.*

Moi?

**GEORGET.**

Oui; du temps que j'étais amoureux de toi, je me souviens que je me suis donné au diable cinquante fois pour une.

**MARINETTE.**

Eh! tais-toi, imbécile! le diable a bien besoin de se mêler de tes affaires!

**GEORGET**, *s'animant.*

Et comment veux-tu que j'explique autrement ma destinée? Y a-t-il rien de plus effrayant que le bonheur constant qui me persécute? Enfin, qu'est-ce que j'étais il y a vingt ans? Pauvre petit garçon de cabaret, amoureux de toi à en être tout-à-fait bête.

**MARINETTE.**

Chacun aime à sa manière.

**GEORGET.**

C'est juste; mais toi, tu ne pouvais pas me souffrir; et crac! du soir au lendemain tu me fais les yeux doux, et me voilà ton mari dans une joli boutique de soieries, en face de l'hôtel de M. de Lindorf, et tu te faufiles dans la maison; et quand la famille quitta Leipsick, pour venir habiter cette belle terre à trois lieues de Vienne, nous partons avec elle; et, je ne sais comment, me voilà gros fermier dans le parc du château; bien logé, bien nourri, engraissant tous les jours; de bons habits de drap, cravate blanche, boucles d'argent, des écus dans ma poche sans savoir d'où ils viennent, et rien à faire qu'à me divertir. C'est désespérant!

**MARINETTE.**

Oh! ma foi, oui, tu deviens fou; et Marcel a bien raison de se moquer de toi.

**GEORGET.**

Marcel? ton favori? ce vieux berger qui nous est tombé des nues, et qui dirige la ferme comme s'il en était le maître? Ah! vraiment oui, je lui conseille de rire à mes dépens! c'est précisément sa vieille figure qui augmente mes idées noires. Et sans compter que je me creuse souvent la tête pour me rappeler où j'ai vu dans ma jeunesse cette diable de physionomie! Oh! je le chasserai, et sans la frayeur que me cause sa sorcellerie!..

**MARINETTE.**

Lui, sorcier? ce brave homme?

**GEORGET.**

Tu diras non, peut-être? N'est-ce pas lui qui dit la bonne aventure a tout le canton? est-ce qu'il n'a pas jeté un sort sur les filles du village?

**MARINETTE.**

Un sort?

**GEORGET.**

Oui, un sort! chaque jour, il y en a une qui tombe amoureuse!

**MARINETTE.**

Ah! pardi... elles ont bien besoin de sortilége pour ça!

**GEORGET.**

Et puis il a enjôlé Monsieur et madame; il offre des fleurs à mademoiselle, l'amuse avec des contes, lui chante des chansons...

**MARINETTE.**

Eh! quel mal?

**GEORGET.**

Non, vois-tu? il y a trop de mystère autour de ce personnage, et je ne suis pas seul à m'en inquiéter.

**MARINETTE.**

Comment?

**GEORGET.**

Oui; tout-à-l'heure, comme j'en parlais au forestier, en faisant la grimace, deux hommes d'assez mauvaise mine qui déjeunaient dans un coin de la salle, m'ont fait mille questions sur son compte.

MARINETTE, à part.

Oh! ciel!

GEORGET.

Que dis-tu?

MARINETEE.

Que tu m'impatientes avec ton bavardage, et que tu ferais mieux d'aller dormir comme d'habitude sur t.s bouteilles de vin du Rhin.

GEORGET, tristement.

Eh! mon Dieu! oui; j'y vais. Il faut bien se résigner. Manger, boire, dormir, voilà tout mon travail. Il y a de quoi perdre l'esprit.

MARINETTE.

Oh! vraiment, quelle perte!

GEORGET.

Plait-il?

MARINETTE.

Rien. Bonsoir!

GEORGET.

Allons; viens m'embrasser.

MARINETTE.

Dépêche-toi, voyons...

GEORGET, tristement, après l'avoir embrassée.

C'est que ça me fait toujours le même plaisir! après vingt ans de ménage, comme c'est naturel!.. Et qu'on me dise encore que le diable ne s'en mêle pas!

Il entre à la ferme.

## SCÈNE III.

### MARINETTE, seule, regardant.

Il devait pourtant revenir ce matin! je voudrais le prévenir de ce que m'a dit Georget. Ces deux hommes me tourmentent; mais aussi quelle rage de ne jamais me dire où il va! de se cacher de moi comme de tout le monde! si mon mari est curieux, oh! pardi, je suis bien sa femme!

## SCENE IV.

MARINETTE, VALENTIN, en vieux berger : cheveux longs et
tout blancs. Il entre en scène vivement et jette son bâton et son
manteau sur un banc.

#### VALENTIN.

Bonjour, Marinette !

#### MARINETTE.

Ah ! M. Valentin ! que je vous attendais avec impatience !

#### VALENTIN.

Pourquoi ?

#### MARINETTE.

Il faudra vous cacher encore davantage. On s'informe de vous,
et tantôt, près d'ici...

#### VALENTIN.

Oui, oui, je sais... je suis averti ; mon persécuteur est arrivé à Vienne... le loyal baron de Tilmer !

#### MARINETTE.

Le frère de madame ! c'est lui qui vous fait poursuivre ?

#### VALENTIN.

Je dois le croire, au moins ; ses anciennes perfidies me ré-
pondent des nouvelles. C'est lui, lui, mon enfant, qui, malgré mes précautions, a trahi jadis le secret de mon souterrain.

#### MARINETTE.

Et pour quelle raison ?

#### VALENTIN.

Pour se débarrasser d'un confident fâcheux.

#### MARINETTE, curieuse..

Et confident de quoi ?.. ne saurai-je donc rien ?

#### VALENTIN, continuant.

Il a dispersé ma famille, forcé mes enfans de transporter
en Amérique leur fortune et leur industrie ! et moi, resté seul
en Allemagne, caché sous des haillons ; j'ai entendu crier sur
la place publique l'arrêt qui me condamne à mort comme bo-
hémien, payen, contre-bandier, voleur et cœtera !.. la liste
est longue, va ! et la justice est terriblement bavarde !

#### MARINETTE.

Et pourquoi, dans le temps, n'êtes-vous point parti avec vos
enfans ?

#### VALENTIN.

Par devoir, par reconnaissance. J'ai attendu vingt ans un
homme que je voulais embrasser avant de mourir ; et c'est toi
qui m'aurais averti de son retour.

*Le Marchand forain.* 5.

**MARINETTE,** *surprise.*

Moi, M. Valentin !

**VALENTIN.**

Oui, c'est ici, dans ce château, qu'il serait sûrement arrivé d'abord; et depuis si long-temps je ne te fais suivre la famille de Lindorf que pour être à l'instant éclairé sur ce point.

**MARINETTE.**

Quoi! rien que pour cela!.. et quel est donc cet homme qui vous intéresse tant?

**VALENTIN.**

Oh ! maintenant, qu'importe? il a péri sans doute ! point de nouvelles! plus d'espoir! Je devais protéger sa femme et son enfant; la jeune mère a cessé de vivre; mais leur enfant du moins jouit d'un sort heureux. On me persécute de nouveau, le baron est près d'ici, il viendra voir sa sœur, abuser encore de son cœur généreux et de ses vertus; s'il me reconnaissait, je serais perdu! je partirai ce soir, je viens te dire adieu.

**MARINETTE.**

Pour long-temps?

**VALENTIN.**

Pour toujours!.. avec des cheveux blancs! quand on passe les mers !

**MARINETTE.**

Oh ! mon maître!

**VALENTIN,** *avec bonté.*

Allons donc, mon enfant, ne pleure pas ainsi... j'ai assez travaillé pour m'aller reposer; j'ai fait un peu de bien, je n'ai jamais abandonné ceux que j'aimais; Dieu ne m'abandonnera pas. Il me soutiendra s'il veut que ma route dure encore; et quand elle finira, j'aurai là-haut ma récompense.

**MARINETTE.**

Et que dirai-je, moi, quand vous serez parti? quand mademoiselle Nina viendra me demander où est son ami Marcel?

**VALENTIN,** *gaîment.*

Ma petite Nina? Oh! tranquillise-toi; je ne partirai pas sans tenir la promesse que je t'ai faite pour son bonheur.

**MARINETTE,** *joyeuse.*

Quoi! son mariage avec M. de Limbourg?

**VALENTIN.**

Sans doute; leur amour m'intéresse beaucoup... c'est un brave jeune homme...

**MARINETTE.**

Assurément; mais il n'ose pas déclarer qu'il aime une riche

héritière parce qu'il a perdu toute sa fortune! et ce matin on vend dans le voisinage sa terre et son château.

### VALENTIN.

Il le fallait pour satisfaire avec honneur, aux engagemens que son père avait pris; cette famille a noblement tout sacrifié pour soutenir la cause de Marie-Thérèse; mais ne t'inquiète pas, je viens de cette vente... tous ses biens m'appartiennent.

### MARINETTE.

Comment!..

### VALENTIN.

Tous ses vassaux pleuraient; mais ils sont consolés...

### MARINETTE.

Quel plaisir vous me faites?

### VALENTIN.

Tais-toi! je vois venir nos deux jeunes amans.

### MARINETTE.

Ils sont tout agités... seraient-ils en querelle?

### VALENTIN.

Je le voudrais.

### MARINETTE.

Pourquoi?

### VALENTIN.

Pour les raccommoder. Viens, viens, entrons chez toi; ne les dérangeons pas.

*Ils entrent dans la ferme.*

# SCENE V.

### MINA, LIMBOURG.

### MINA, *vivement.*

Non, je n'écoute rien.

### LIMBOURG.

De grace!..

### MINA.

Partir si brusquement!

### LIMBOUG.

Il le faut.

### MINA.

Quel caprice!

### LIMBOURG.

Eh! quoi! vous m'accablez quand j'ai tant de chagrin! ne le savez-vous pas; mon régiment est à Vienne; un nouveau colonel le commande, et je retourne sous mes drapeaux.

**MINA.**

Mais ce colonel ne peut-il pas ajouter quelques jours à votre congé? vous lui avez déjà fait une visite; est-ce qu'il vous a mal reçu?

**LIMBOURG.**

Au contraire; il m'a fait l'accueil le plus amical; et j'en dois, je crois, remercier votre père.

**MINA.**

Comment donc?

**LIMBOURG.**

Je ne sais, mais j'étais là en cérémonie, avec tous les officiers, lorsque l'un d'eux me dit: retournez-vous ce soir au château de Lindorf?.. à ce nom, le colonel fit un mouvement, m'attira hors du cercle, et m'adressa mille questions sur votre famille.

**MINA.**

C'est singulier; comment le nommez-vous?

**LIMBOURG.**

Birman, un nom obscur; en arrivant à Vienne il n'a vu que le ministre; on ne sait d'où il vient.

**MINA.**

Et il vous a parlé de mon père avec intérêt?

**LIMBOURG.**

Oui, beaucoup d'intérêt.

**MINA.**

Et il nous connaît?

**LIMBOURG.**

Non, pas vous, car il m'a demandé si vous étiez aimable et jolie.

**MINA**, *riant.*

Vraiment?.. Et... est-ce *oui* que vous avez répondu?

**LIMBOURG,**

Vous savez bien que je ne mens jamais.

**MINA.**

Je ne comprends pas.

**LIMBOURG**, *tendrement.*

Vous n'êtes pas sincère.

**MINA.**

Si fait; mais entre amis, il faut que la sincérité soit réciproque...

**LIMBOURG**, *lui prenant la main.*

Eh bien! si le sort me devenait un jour plus favorable... si jamais...

MINA.

Si jamais?..


# SCÈNE VI.

### Les Mêmes, VALENTIN.

VALENTIN, *fredonnant un refrain.*

La, la, la, la....

LIMBOURG, *quittant la main de Mina.*

Ciel!

MINA, *se retournant.*

Ah! c'est toi, Marcel?.. bonjour... on ne te voit plus.

VALENTIN, *gaîment.*

Des courses, mon troupeau, les tracas de la ferme... mais me voilà à vos ordres, ma gentille demoiselle, et je viens enfin vous tenir ma parole.

MINA.

Quoi donc?

VALENTIN.

Ne vous souvient-il pas que j'ai promis de vous dire votre bonne aventure? j'attendais une étoile qui a paru la nuit dernière.

MINA.

Oh! tu viens à propos! oui je suis curieuse, mais pas autant sur mon sort que sur celui de M. de Limbourg; je veux savoir son avenir et sa pensée la plus secrète.

*Elle court à Limbourg et l'amène*

LIMBOURG.

Mina, quelle folie.

MINA.

Je le veux.

VALENTIN, *prenant le milieu.*

Approchez, approchez; je suis sorcier pour tout le monde.


### TRIO.
*Ensemble.*

VALENTIN, *à Limbourg.*
Allons, allons, un peu de confiance;
Ne craignez pas les arrêts du destin.
Du vieux berger vous verrez la science;
Allons, allons, donnez-moi votre main.

MINA, *à Limbourg.*
Allons, allons un peu de complaisance!
Ne craignez pas les arrêts du destin;
Du vieux berger éprouvons la science.
Allons, allons, donnez-lui votre main.

LIMBOURG, *à Mina.*

Comptez toujours sur mon obéissance ;
Vous le voulez, consultons le destin ;
Du vieux berger éprouvons la science ;
Sorcier fameux, lisez donc dans ma main.

VALENTIN, *regardant la main Limbourg.*

Oh ! oh !

MINA.

Quoi donc ?

VALENTIN.

Voyez-vous cette ligne ?

MINA.

Eh bien ?

VALENTIN.

Eh bien! nous avons du chagrin.

MINA.

Vraiment ?

VALENTIN.

Paix donc ! voyez cet autre signe.

MINA.

Qu'annonce-t-il ?

VALENTIN.

Un bonheur très prochain.

LIMBOURG, *soupirant.*

Du bonheur !

MINA, *contente.*

Du bonheur ?

VALENTIN.

Pour ce soir ou demain.

## *Ensemble.*

LIMBOURG.

Du bonheur ! du bonheur! tu n'es pas grand devin !

MINA.

Du bonheur ? du bonheur ? oh ! l'aimable devin !

VALENTIN.

Du bonheur, du bonheur, croyez-en le devin.

MINA.

Et ce chagrin, quelle en est donc la cause ?

VALENTIN, *reprenant la main de Limbourg.*

Voyons, voyons, examinons la chose.

*Avec malice.*

Ah ! ah !

MINA.

Quoi donc ?

VALENTIN.

C'est un chagrin d'amour.

LIMBOURG, *à part.*

Oh! ciel!

MINA, *baissant les yeux.*

Vraiment ?

VALENTIN.

Aussi clair que le jour.

*Ensemble.*

MINA.

Quoi, voilà son secret? de l'amour? de l'amour?

VALENTIN.

Oui, voilà son destin ; de l'amour, de l'amour.

LIMBOURG, *à part.*

Je le vois, je le vois, il connaît mon amour.

VALENTIN, *vivement.*

Oui, par ma science,
J'ai vu dans sa main
D'amour, de constance
Le gage certain.
Une crainte vaine
Afflige son cœur ;
Mais après la peine
Viendra le bonheur.

MINA, *à part.*

Quoi, par sa science
Il voit dans sa main,
D'amour, de constance
Le gage certain?
Une crainte vaine
Afflige son cœur ;
Mais après la peine
Viendra le bonheur.

LIMBOURG, *à part.*

Ah! sur mon silence
Je comptais en vain ;
Et de ma souffrance
Il est trop certain ;
Du sort qui m'entraîne,
Il voit le malheur ;
Il rit de ma peine
Et lit dans mon cœur !

VALENTIN, *avec eux.*

Oui, par ma science, etc.

VALENTIN, *à Mina.*

Et maintenant, à vous, ma jeune amie.

MINA, *embarrassée.*

A moi, dis-tu?

VALENTIN.

C'est votre tour, je croi.

MINA.

Je ne veux pas fatiguer ta magie ;
Un autre jour.

LIMBOURG, à *Mina.*

De grace, imitez-moi.

VALENTIN, *tenant la main de Mina.*

Oh ! oh !..

LIMBOURG.

Quoi donc ?

VALENTIN.

Un départ nous tourmente.

LIMBOURG.

Et pis ?

VALENTIN.

On veut retenir un ami.

LIMBOURG.

Et puis ?

VALENTIN.

Paix donc ! Mina sera contente.

MINA.

Quoi ! cet ami ?..

VALENTIN.

Ne peut partir d'ici.

LIMBOURG, *à part.*

Vain espoir !

MINA, à *Valentin.*

Quoi ! vraiment ?

VALENTIN.

Son bonheur est ici.

### *Ensemble.*

LIMBOURG, *à part.*

Il dit vrai, mon bonheur, mon bonheur est ici.

MINA.

Est-il vrai ! dans ces lieux nous gardons notre ami ?

VALENTIN.

Oui, vraiment, son bonheur, son bonheur est ici.

MINA, à *Valentin.*

Savant devin, Mina vous remercie.

VALENTIN.

Voyons encor cette main si jolie.

*Souriant.*

Ah ! ah !...

LIMBOURG.

Quoi donc ?

VALENTIN.

Encore de l'amour !

MINA, *retirant sa main.*

Encor?

LIMBOURG.

Vraiment?

VALENTIN.

Aussi clair que le jour.

*Ensemble.*

MINA.

Quoi ! partout tu vois donc, tu vois donc de l'a-
(mour.

VALENTIN.

Oui vraiment, un sorcier voit partout de l'amour.

LIMBOURG, *à part.*

Ah ! mon cœur tremble, hélas ! et d'espoir et
(d'amour.

## REPRISE.

*Ensemble.*

VALENTIN, *tenant leurs deux mains.*

Oui par ma science
Je suis très certain
Qu'amour et constance
Sont dans chaque main.
Puis je veux me taire,
Car il faut toujours
Un peu de mystère
Aux tendres amours.

MINA *et* LIMBOURG, *à part.*

Ah ! de sa science,
Je doutais en vain :
Amour et constance
Voilà mon destin ;
Un cœur trop sincère
Se trahit toujours ;
En vain le mystère
Cachait nos amours.

## SCENE VII.

### Les Mêmes, MAD. DE LINDORF.

MAD. DE LINDORF, *souriant.*

Eh bien ! Mina, toujours avec ton ami Marcel ? toujours le
déranger de ses travaux et abuser de sa complaisance ?

VALENTIN.

Oh ! ma bonne dame, à mon âge on est trop heureux d'être
écouté des jeunes gens et de les divertir un peu.

*Le Marchand forain.*                                    6.

**MINA.**

Et plus que jamais nous aurons besoin de nous distraire, maman ; nous allons rester seules au château ; M. de Linbourg va rejoindre son régiment.

**MAD. DE LINDORF.**

Ton père vient de me l'apprendre, et je cherchais Limbourg pour lui dire encore que si depuis long-temps il a perdu sa famille, nous l'aimons tous comme s'il était de la nôtre, que nous voulons le revoir bientôt, et que nous le recevrons toujours les bras ouverts et le cœur content.

**LIMBOURG.**

Ah ! madame, si je n'étais forcé de fuir un pays où j'ai perdu l'ancien héritage de mes pères et où des souvenirs pénibles...

**MAD. DE LINDORF.**

Et pourquoi avoir refusé nos offres ? M. de Lindorf voulait dégager vos biens, et un avenir plus heureux...

**LIMBOURG,** *attendri.*

Je ne pouvais accepter ; mais pour vous prouver que je ne rejette pas tous vos bienfaits, il en est un que je réclame, en m'éloignant de vous. J'ignore quel sera le nouveau possesseur du château où s'écoula mon enfance, mais si nos anciens vassaux étaient malheureux, je compterai sur vous pour adoucir leurs peines... Daignez les protéger, soulager leur misère, et leur parler de moi qui ne les oublierai jamais.

# SCENE VIII.

### Les Mêmes, MARINETTE, *accourant.*

**MARINETTE,** *vivement.*

Eh mais, mon Dieu ! qu'est-ce donc ? voilà tout le village de Limbourg en émoi et en habit de fête ; le vieux intendant ouvre la marche et il crie de toutes ses forces : où est mon jeune maître ? vive monseigneur ! vive monseigneur !.. tenez, tenez, voyez !

# SCÈNE IX.

### Les Mêmes, L'INTENDANT, Villageois des deux sexes.

*Chœur très vif.*

Ah ! quel beau jour pour le village !
A monseigneur rendons hommage,
Ah ! quel bonheur ! honneur, honneur,
Cent fois honneur à monseigneur.

**MAD. DE LINDORF, MINA, LIMBOURG.**

Mais quel est donc ce grand bonheur ?

VALENTIN, MARINETTE, *à part.*
Je vais jouir de son bonheur.

L'INTENDANT, *à Limbourg.*
Ah! monseigneur, voyez ma joie!
Et ce billet qu'on vous envoie.

*Accompagnement presque nul et en sourdine.*

LIMBOURG, *lisant.*

«J'avais à m'acquiter envers votre père d'une dette ancienne
»et ignorée; je suis riche aujourd'hui; j'ai racheté vos biens
»pour vous les rendre, ils sont à vous; adieu, vous n'en ten-
»drez jamais parler de moi.»

*Ensemble très vif.*

CHŒUR.
Ah! quel bonheur! honneur, honneur,
Cent fois honneur à monseigneur!

MINA, MAD. DE LINDORF LIMBOURG.
Quoi se peut-il! Dieu protecteur!
Ah! quel moment! ah! quel bonheur!

L'INTENDANT, *à Limbourg.*
Oui, oui, croyez à ce bonheur!
Voici le titre!... ah! monseigneur!

MARINETTE, *bas à Valentin.*
Que son transport, que son bonheur
Doivent toucher son bienfaiteur

VALENTIN, *à part,*
Son doux transport et son bonheur
Oui, j'en conviens, flattent mon cœur.

LIMBOURG, *à madame de Lindorf et avec transport.*
Ah! je puis donc parler, tomber à vos genoux!
Nommez-moi votre fils! nommez-moi son époux!

MAD. DE LINDORF, *avec joie.*
Mes enfans, mes enfans! (*A Mina.*) Ah! courons
(vers ton père.
Je sais que votre hymen est son vœu le plus doux.

LIMBOURG.
Parlez, chère Mina, que faut-il que j'espère?

MINA, *souriant.*
Imitez le savant devin;
Pour savoir votre sort, tenez, voici ma main.

TOUT LE MONDE.
Heureux, heureux époux!
Ah, quel moment si doux!

VALENTIN.
A ma sorcellerie on croira je l'espère.

## SCÈNE X.

### Les Mêmes, GEORGET.

GEORGET *à madame de Lindorf.*

Je viens vous annoncer que monsieur votre frère
Est tout près d'arriver, son courrier me l'apprend.

MAD. DE LINDORF.

Vraiment ?

MARINETTE, *bas à Valentin.*

Oh, ciel !

VALENTIN, *bas.*

Le baron !

MINA.

C'est charmant.

Pour ma noce il arrive.

GEORGET, *regardant.*

Eh, tenez, sa voiture

Entre dans l'avenue.

VALENTIN, *reprenant son manteau et son bâton.*

Il faut partir soudain.

MARINETTE, *bas.*

Attendez donc la nuit obscure.

VALENTIN, *bas.*

Tu me retrouveras dans le fond du jardin.

MAD. DE LINDORF, *à Mina.*

Mina, ne tarde plus, va tout dire à ton père.
Allez, je vous rejoins bientôt avec mon frère.

CHŒUR GÉNÉRAL.

Ah, célébrons ce mariage,
Aux deux époux rendons hommage ;
Dansons, chantons en leur honneur,
Ah, quel beau jour, ah, quel bonheur !

*Mina et Limbourg sortent suivis par les paysans,
Georget et Marinette, en se dirigeant vers le château. Valentin prend une autre allée après avoir
échangé des signes avec Marinette. Madame de
Lindorf se dirige vers le fond à gauche pour attendre le baron qui entre en même temps que les
paysans sortent.*

## SCÈNE XI.

### MAD. DE LINDORF, LE BARON.

MAD. DE LINDORF.

Quoi, mon frère, c'est vous ? mais je n'en reviens pas ! après
ce long oubli ? après deux ans d'absence !..

LE BARON, *regardant à droite.*

Bonjour, ma sœur, bonjour, enchanté de vous voir ; mais
qu'est-ce donc que je viens d'entendre ? pourquoi cette assem-

blée villageoise? ces chants, cet air de fête?.. qu'annonce tout cela?

### MAD. DE LINDORF.

Un bonheur pour nous tous; le mariage de ma fille.

### LE BARON.

Qu'entends-je !

### MAD. DE LINDORF.

Oui, dès demain elle marche à l'autel.

### LE BARON.

Demain?.. ah! je respire! rien n'est donc fait encore !

### MAD. DE LINDORF.

Que voulez-vous dire ?

### LE BARON.

Eh ! parbleu, que je suis très-fâché !.. Quoi, sans me consulter?.. sans mon consentement?

### MAD. DE LINDORF, *étonnée.*

Votre consentement ?

### LE BARON.

Assurément ; ma nièce m'est si chère!

### MAD. DE LINDORF.

Ah! quand vous connaîtrez le comte de Limbourg dont elle est aimée, quand vous saurez que cette union fait ma joie et celle de mon mari...

### LE BARON.

Votre mari!.. la belle raison! un vieillard entêté, à peu près fou, je crois.

### MAD. DE LINDORF.

Mon frère!..

### LE BARON.

Eh! oui, ma sœur! vous autres campagnards, vous avez des idées pitoyables!.. les vertus, la solitude, les mariages d'amour!.. oh! non pas, s'il vous plait, je vous empêcherai de sacrifier Mina à quelque petit gentilhomme ignoré. C'est moi qui la marie, et je viens tout exprès.

### MAD. DE LINDORF.

Que dites-vous ?

### LE BARON.

Oui, le grand Chambellan, le duc de Loyental a vu votre fille aux eaux de Baden; vous vous en souvenez? il en est amoureux, il demande sa main; j'ai promis, engagé ma parole et la vôtre, tout est dit; et nous allons congédier le jeune soupirant qui ne me convient pas.

**MAD. DE LINDORF.**

Oh! ciel! quel ton de maître!

**LE BARON.**

Et n'ai-je pas raison d'ordonner que ma nièce épouse un favori du prince? le seigneur le plus riche de toute l'Allemagne?

**MAD. DE LINDORF.**

Et qu'avons-nous encore besoin de richesse?

**LE BARON.**

Non pas vous, mais si fait moi : et le duc va me faire intendant des finances. Vous ne voudrez pas, j'espère, me priver de cette place magnifique? que diable! il ne faut pas d'égoïsme dans les familles!

**MAD. DE LINDORF.**

J'en aurai pour ma fille. Vous pouvez repartir ; elle sera demain madame de Limbourg.

**LE BARON,** *se fâchant.*

Ma sœur!.. Quoi, de la résistance?.. c'est la première fois.

**MAD. DE LINDORF.**

Il est vrai ; j'ai trop tardé!.. mais je n'avais que vous dans ce monde : vous obéir, vous croire était mon habitude ; vous avez dissipé ma dot, lié ma destinée, quand j'étais un enfant, à celle d'un vieillard que ses chagrins rendaient sévère et soupçonneux ; j'ai vécu dans la retraite, à l'âge où l'on peut penser que le monde offre des plaisirs ; on a dû me croire malheureuse!.. Eh! bien non; je suis mère, et je bénis mon sort! ma fille m'a tenu lieu de tout! voilà mon bien, ma vie, toute mon existence!.. que m'importe le reste!.. et je vous l'ai prouvé; victime de vos désordres, mes économies, mes diamans, les présens de mon mari, tout ce qui n'était qu'à moi seule, je vous l'ai donné sans peine!.. mais vous n'êtes pas satisfait! mais vous voulez encore m'enlever mon enfant!.. oh! non, non! c'est ici que je résisterai! le bonheur d'une fille est le seul bien dont ne se laisse pas dépouiller une mère!

**LE BARON,** *vivement.*

Eh! quoi! nul sentiment dans ton âme à côté de l'amour maternel? plus d'amitié pour moi?.. faut-il te l'avouer? je suis perdu!.. perdu! si je manque d'avoir cette place brillante!

**MAD. DE LINDORF.**

Je ne puis que vous plaindre.

**LE BARON.**

Ma sœur!..

**MAD. DE LINDORF.**

Oui, votre sœur; je l'ai été long-temps, je ne veux plus être que mère!

**LE BARON**, *en colère.*

Toujours ce nom de mère!.. ce titre de fille!.. oh! que la nature est insensée !

**MAD. DE LINDORF**, *outrée.*

Quel langage, grand Dieu !

**LE BARON.**

Vous me faites pitié !

**MAD. DE LINDORF.**

Pitié ! moi?

**LE BARON.**

Oui! tremblez de me pousser à bout !

**MAD. DE LINDORF.**

Des menaces!..

**LE BARON.**

Pour la dernière fois, voulez-vous rompre avec Limbourg, et me laisser le soin de marier Mina ?

**MAD. DE LINDORF.**

Jamais !.. adieu.

**LE BARON**, *la retenant.*

Eh! bien!.. soyez punie! et qu'un secret terrible !..

**MAD. DE LINDORF.**

Ciel ! vos yeux me font peur !

**LE BARON.**

Ecoutez !.. ce plaisir d'être mère, ce bonheur suprême, cette idolatrie pour votre fille !..

**MAD. DE LINDORF**

Eh! bien ?...

**LE BARON.**

Si tout cela n'était qu'une illusion ?

**MAD. DE LINDORF.**

Votre raison s'égare !..

**LE BARON.**

Si cette femme de la campagne, la nourrice de votre enfant, pour ne pas perdre l'or que vous lui donniez et les riches présens qu'elle attendait le jour du baptême, nous avait tous indignement trompés ?

**MAD. DE LINDORF**, *tremblante.*

Oh! mon Dieu !..

**LE BARON.**

Oui, à son lit de mort je fus mandé par elle ; une déclaration que j'écrivis moi-même, que je lui fis signer et que je garde là !..

**MAD. DE LINDORF.**

Achevez!..

**LE BARON**, *lui donnant un papier.*

Lisez!.. lisez madame! et que la fourberie dont je fus la dupe ainsi que vous!...

**MAD. DE LINDORF**, *après avoir lu et poussant un cri déchirant.*

Ah!..

Grand bruit d'orchestre.

**FINALE.**

**LE BARON**, *soutenant sa sœur.*

Tu l'as voulu ; ce noir mystère
Il a fallu le découvrir.
Mais calme-toi ; je puis me taire,
Si tu consens à m'obéir.

**MAD. DE LINDORF.**

Où suis-je, hélas ! fatal mystère !
O désespoir ! il faut mourir !
Quoi, je n'ai plus le nom de mère !
Tout va pour moi s'anéantir !

**LE BARON.**

Tais-toi! point d'imprudence !

**MAD. DE LINDORF**, *s'écriant.*

Ma fille!.. oh! quel tourment !

**LE BARON.**

On peut, sur sa naissance...

**MAD. DE LINDORF**, *s'écriant.*

Ma fille!.. O mon enfant !

**LE BARON.**

Cachons un tel mystère !
A Lindorf, à Mina.

**MAD. DE LINDORF.**

Et moi, dans ma misère,
Qui donc me trompera !

**LE BARON.**

Tu pourrais...

**MAD. DE LINDORF.**

O malheur !

**LE BARON.**

Je promets...

**MAD. DE LINDORF.**

O douleur !

**LE BARON.**

Tais-toi! point d'imprudence !

**MAD. DE LINDORF.**

Ma fille!.. oh! quel tourment!

LE BARON.

Il faut sur sa naissance...

MAD. DE LINDORF.

Ma fille !.. O mon enfant !

## ENSEMBLE.

LE BARON.

Tu l'as voulu ! ce noir mystère
Il a fallu le découvrir ;
Mais calme-toi ; je puis me taire
Si tu consens à m'obéir.

MAD. DE LINDORF.

Où suis-je hélas ! fatal mystère !
O désespoir ! il faut mourir !
Quoi, je n'ai plus le nom de mère !
Tout va pour moi s'anéantir.

LE BARON.

A cette enfant chérie
Cache donc son malheur.

MAD. DE LINDORF.

Oui, ma voix t'en supplie,
Laissons-lui son erreur.

LE BARON, *joyeux*.

Tu consens au silence ?

MAD. DE LINDORF.

Je l'implore de toi !

LE BARON.

Et ton obéissance ?..

MAD. DE LINDORF.

Ah ! dispose de moi !

LE BARON.

Cet hymen que je blâme ?..

MAD. DE LINDORF.

Est rompu pour jamais ?

LE BARON.

Cache donc dans ton âme
Ta douleur, tes regrets !

MAD. DE LINDORF.

Tu promets ?..

LE BARON.

Le silence.

MAD. DE LINDORF.

Pour toujours ?

LE BARON.

Pour jamais.

MAD. DE LINDORF, *regardant*.

Mais vers nous !..

LE BARON.

On s'avance !

MAD. DE LINDORF.

Oh! tais-toi!

LE BARON.

Pour jamais.

*Ensemble.*

MAD. DE LINDORF.

Oh!.. juste ciel! fatal mystère,
Je la revois vers moi venir!
Elle me croit encor sa mère!
Quel changement! quel avenir!

LE BARON.

Ah! calme-toi! ce noir mystère
Il ne faut pas le découvrir.
Tu resteras toujours sa mère;
Espère encor dans l'avenir.

## SCENE XII.

**Les Mêmes, M. DE LINDORF,** *tenant par la main* **MINA** *et* **LIMBOURG, MARINETTE, GEORGET,** *et* **LES VILLA-GEOIS.**

Ritournelle douce pour contraster avec le duo pré-cédent.

M. DE LINDORF, *à Mina et à Limbourg.*

Avec bonheur, avec tendresse
Oui j'applaudis à votre amour;
Et votre hymen pour ma vieillesse
Est, mes enfans, le plus beau jour.

*Tendant la main au baron.*

C'est vous baron?

LE BARON, *gaîment.*

Eh! oui, mon cher beau-frère.

Fort à propos.

MINA, *au baron qui l'embrasse.*

Vous voyez mon bonheur.

MAD. DE LINDORF, *à part.*

Oh! pauvre enfant!

MINA.

Embrassez-moi, ma mère.

MAD. DE LINDORF, *la serrant dans ses bras.*

Ma fille!..

MINA.

Vous pleurez?

MAD. DE LINDORF.

Ah! reste sur mon cœur.

MINA, *attirant doucement madame de Lindorf vers son mari, et se plaçant à genoux au milieu d'eux.*

Ah! tous les deux en ce moment suprême
Daignez bénir la fille qui vous aime!

*En ce moment où la nuit commence à venir, on voit sur la colline, Valentin plié dans son manteau, son bâton sur l'épaule portant un sac de voyage; il s'arrête, et découvre sa tête pour s'unir du geste et du regard à la bénédiction donnée à Mina sur le devant de la scène.*

### *Ensemble.*

M. *et* MAD. DE LINDORF.

O mon Dieu tutélaire,
Dieu témoin de nos vœux,
Écoutez ma prière :
Que ses jours soient heureux !
Notre enfant si chérie
Tremble ici devant vous !
O daignez, je vous prie,
La bénir avec nous !

*Valentin disparaît avec attendrissement ; Marinette le suit des yeux.*

### *Ensemble.*

CHŒUR.

C'est pour demain, le mariage !
Demain, demain ! ah ! quel beau jour !
Lorsqu'à jamais l'hymen engage
Deux cœurs unis par leur amour !

MINA, *et* LIMBOURG.

A vous demain ma foi s'engage.
Demain, demain ! ah ! quel beau jour !
Mon cœur toujours et sans partage
Gardera son premier amour.

MAD. DE LINDORF, *à part.*

Mina ! sur toi, plane l'orage,
Et ton bonheur n'aura qu'un jour !
Puissé-je au moins par mon courage
Te conserver à mon amour !

LE BARON, *a part.*

Frivole espoir de mariage !
Ce beau projet n'aura qu'un jour.
J'achèverai seul mon ouvrage,
Et dès demain j'aurai mon tour.

MARINETTE, *suivant des yeux Valentin.*

S'enfuir tout seul, malgré son âge !
Tristes adieux ! malheureux jour !
Ah ! voilà son dernier voyage,
Je le perds donc, et sans retour !

## Fin du second acte.

# ACTE III.

*Joli salon de campagne. Portes vitrées dans le fond et toujours ouvertes pour laisser voir une partie des jardins. Diverses portes latérales.*

---

## SCENE PREMIERE.

MINA, *seule, en toilette de jeune mariée et se mirant dans une grande glace de la tête aux pieds, puis* MARINETTE.

### RONDEAU.

MINA.

Regardons-nous bien !
Voyons ma toilette !
Ne négligeons rien :
Et soyons coquette !
Car on doit toujours
Quand on se marie
Etre plus jolie
Que les autres jours.

Mais le temps s'envole ;
Sans doute on m'attend ;
Et d'être moins folle
Voici le moment.
Pour mon mariage,
Pour ce jour si doux,
Soyons un peu sage ;
Voyons, calmons-nous !..
Oui mon cœur... doucement !.. doucement !.. cal-
(mons-nous !..

*Vivement et en courant*

Ah! ce cœur palpite,
Bat encore plus vite,
Le bonheur l'agite,
La sagesse a tort !
Et celui que j'aime
D'un amour extrême
Doit sentir lui-même
Un si doux transport !
*Marinette arrive.* Ah! c'est toi, Marinette!
Me voilà bientôt prête.
Approche-toi,
Regarde-moi.
Admire-moi,
Conseille-moi !

Ah! regarde bien !
Voyons ma toilette !
Ne négligeons rien !
Et soyons coquette !
Car on doit toujours
Quand on se marie
Etre plus jolie
Que les autres jour !

**MARINETTE.**

Eh! mais, mon Dieu, quelle agitation, mademoiselle! il faudrait vous calmer pour la cérémonie.

**MINA.**

Impossible, vois-tu. J'ai beau le vouloir, rien n'y fait. Je suis trop heureuse, trop contente!.. et tu dois comprendre cela toi; n'étais-tu pas ainsi le jour de ton mariage?

**MARINETTE.**

Moi?.. oh! non; je n'eus pas le temps; ça se fit si vite!.. Et puis, voyez-vous, je n'étais pas précisément bien folle de M. Georget.

**MINA.**

A propos; où est donc ce matin mon bon ami Marcel? je ne l'ai pas encore vu, et je veux pourtant lui faire un beau présent de noces.

**MARINETTE,** *d part.*

Hélas! il est bien loin. (*Haut.*) A quoi songez-vous là?.. je vous dis que votre père vous attend. Il voudrait s'enfermer avec le notaire, et vous fait demander pour tenir compagnie à cet étranger qui vient d'arriver.

**MINA.**

Qui donc? quel étranger?

**MARINÈTTE.**

Pardi! ce monsieur que votre prétendu est allé chercher hier au soir à la ville.

**MINA.**

Son colonel?.. Ah! il est donc venu?

**MARINETTE.**

Oui. Il a l'air noble et bon. En abordant votre père, il lui a dit comme ça : Monsieur... Limbourg n'a plus de parens... je sais qu'on est bien à plaindre... de vivre seul et sans famille... permettez-moi de lui en tenir lieu dans ce jour solennel!.. Là-dessus votre père lui a serré la main, et ce brave militaire a le cœur sensible, car il s'est détourné pour cacher deux grosses larmes qui roulaient dans ses yeux. Allons, venez le voir.

**MINA,** *prenant ses gants sur une table.*

Un instant; attends donc que je mette mes gants. D'ailleurs ma mère est là.

**MARINETTE.**

Non, elle est dans le parc en grande conversation avec votre cher oncle. Et M. de Limbourg est allé à sa rencontre.

**MINA,** *devant la glace.*

J'ai fini, me voilà... encore un seul coup-d'œil!.. Oh! ma

toi, M. de Limbourg, si vous n'êtes pas content de votre fian-
cée vous serez bien difficile!

*Elle sort en courant.*

## SCENE II.

### MARINETTE, GEORGET.

#### MARINETTE, *regardant sortir Mina.*

L'aimable caractère!.. Et si elle savait à qui elle doit son
mariage!..

#### GEORGET, *accourant du jardin.*

Ici! ma femme! ici!..

#### MARINETTE.

Oh! ne me retiens pas! on m'attend à la ferme, et depuis ce
matin...

#### GEORGET.

C'est égal! reste-là!

#### MARINETTE.

Tu es tout essoufflé!

#### GEORGET.

Oui!.. le plaisir m'étouffe!.. Tu me vois triomphant!

#### MARINETTE.

Et de quoi?

#### GEORGET.

De savoir un secret!.. Eh! quel secret?.. Ah! ah!.. maintenant, vois-tu bien, je me moque de toi et de ton vieux berger! Allez, allez, tous deux chuchotter à l'écart; continuez vos
petits mystères!.. ils font pitié auprès du mien!.. et je le gar-
derai!.. et je ne dirai mot!.. et vous enragerez, mordienne,
à votre tour!

#### MARINETTE.

Quoi? tu ne veux rien dire?..

#### GEORGET.

Si fait. Je te dirai que toutes les femmes sont des scélérates!
Aurait-on jamais cru ça de madame?.. Et ce pauvre monsieur
de Lindorf! on voudrait le traiter en mari imbécile!.. mais je
suis son confrère, moi et j'avertirai ce brave homme!.. il est
enfermé dans son cabinet; mais j'y vais retourner, j'attendrai sa
sortie. Entre honnêtes maris il faut se soutenir. J'ai l'esprit de
mon état!

#### MARINETTE, *se fâchant.*

Georget!.. sais-tu combien tu m'impatientes?

**GEORGET**, *content.*

Tant mieux! précisément! voilà ce que je veux! cherche, mon enfant, devine, donne-toi au diable à ton tour. Ça m'amuse, ça me soulage!.. ça me fait respirer délicieusement!

**MARINETTE**, *lui saisissant le bras.*

Achève, impertinent! Voyons; tu parlais de madame?

**GEORGET.**

Oui, oui, au fond de la grande allée... madame avec son frère... et moi, j'étais couché derrière une charmille; leur voix m'a réveillé! leur secret m'appartient!.. Et madame, à la fin, en quittant le baron, a osé lui dire avec perfidie: Ah! mon frère!.. surtout, que mon mari ne puisse rien soupçonner!

**MARINETTE**, *riant.*

Comment, ce n'est que ça? Ah! pardi! voilà grand chose! et ce fameux secret est bien difficile à deviner!

**GEORGET.**

Tu ris?

**MARINETTE.**

Je ris de toi et de tes visions!·Est-ce que madame est capable de rien cacher à monsieur si ce n'est pour l'étonner agréablement? et ne vois-tu pas qu'il s'agit ici de quelque surprise qu'on lui ménage pour la fête de ce soir?

**GEORGET**, *raillant.*

Bah! tu crois?

**MARINETTE.**

Eh! sans doute!

**GEORGET.**

Une surprise?.. eh oui!.. au fait, ça se peut bien!

**MARINETTE.**

Quelle tête, bon Dieu!

**GEORGET.**

C'est vrai!

**MARINETTE**, *le contrefaisant.*

Quel plaisir! un secret! tu me vois triomphant!

**GEORGET.**

Innocent que j'étais!..

**MARINETTE.**

Ah! ce pauvre Georget!

**GEORGET.**

Je suis bête, pas vrai?

**MARINETTE.**

Ma foi!..

**GEORGET.**

Oh ! ne te gêne pas.

**MARINETTE.**

Adieu.

**GEORGET.**

Bonjour.

**MARINETTE, *sortant*.**

Va, va trouver monsieur.

**GEORGET, *seul un instant*.**

C'est ce que je vais faire ; bon, je bavardais trop, la voilà
dépistée.

> Il sort en courant. Dans le même instant une ritour-
> nelle douce commence , et on voit arriver par le
> jardin Mina qui s'appuie sur le bras de Henri.

# SCÈNE III.

### HENRI, MINA.

### DUO.

**HENRI.**

Charmant séjour dont mon ame est ravie !
Qu'avec douceur j'y promène mes yeux ;
Qu'il est heureux vers le soir de la vie
Le voyageur qui s'arrête en ces lieux !

**MINA.**

D'un tel séjour si votre ame est ravie,
Avec plaisir s'il attire vos yeux,
Il faut venir vers le soir de la vie
Vous reposer avec nous dans ces lieux .

**HENRI, *à part*.**

Ici j'ai passé mon enfance !
Ah, pour mon cœur quel souvenir !

**MINA, *à part et riant*.**

Allons, voilà qu'il recommence
A parler bas, à s'attendrir.

**HENRI, *à part*.**

La voilà donc ma sœur charmante !

**MINA, *à part*.**

Il me regarde avec douceur.

**HENRI, *à part*.**

Cœur sans détour, grace touchante ;
La voilà donc ma jeune sœur !

*Il s'approche d'elle et lui prend doucement la main.*

En ce beau jour de fête
Les plus doux des sermens
A l'autel qu'on apprête
Unira deux amans,

Et je forme en silence,
Pour être heureux aussi,
Le désir, l'espérance
D'être un jour votre ami.

MINA.

Bien volontiers.

HENRI.

Quel doux sourire !

MINA.

Notre amitié...

HENRI.

Je la désire.

MINA.

Restez ici...

HENRI.

Je le voudrais.

MINA.

Toujours ensemble...

HENRI, *se détournant.*

Hélas ! jamais !

MINA.

Que dites-vous ?

HENRI.

Non, non !

MINA.

Pourquoi ?

HENRI.

Non, non ! mais seulement souvenez-vous de moi.

*Ensemble.*

HENRI.

En ce beau jour de fête,
Le plus doux des sermens
A l'autel qu'on apprête
Unira deux amans ;
Et je forme en silence,
Pour être heureux aussi,
Le désir, l'espérance
D'être un jour votre ami.

MINA.

En ce beau jour de fête,
Le plus doux des sermens
A l'autel qu'on apprête
Unira deux amans.
Pour nous votre présence
Est un bonheur, aussi,
Laissez-nous l'espérance
De garder un ami.

**MINA.**

Pardonnez, monsieur le colonel, si l'on vous laisse presque
seul; personne n'est à soi dans ce grand jour. Mon père est
occupé; ma mère a pris à part M. de Limbourg pour lui re-
commander encore de me rendre heureuse; et c'est donc à
moi de vous tenir compagnie le mieux que je pourrai; je voudrais être aimable; j'y ferai mes efforts; mais je n'ai pas trop
la tête à ce que je dis, voyez-vous; et quand le cœur est si
joyeux on n'a pas beaucoup d'esprit, je crois.

**HENRI,** *à part.*

Qu'il m'est cruel de lui cacher tout l'intérêt qu'elle m'ins-
pire!

**MINA,** *à part.*

Qu'est-ce que je vais lui dire pour l'amuser?.. (*Haut.*)
Colonel? avez-vous beaucoup voyagé?

**HENRI.**

Oui; et dans les contrées les plus lointaines. C'est un roman
que ma vie.

**MINA,** *à part.*

Bon! j'ai trouvé ce qu'il fallait; ça ira tout seul maintenant.
(*Haut.*) Un roman, dites-vous?

**HENRI.**

Errant à l'aventure, matelot, soldat, prisonnier chez un peu-
ple à peu près inconnu... et toutefois supportant la vie dans
l'espérance de revoir un jour l'Allemagne pour embrasser encore
ma femme et mon enfant que j'avais laissés sous la garde d'un
ami.

**MINA.**

Vous êtes marié?

**HENRI.**

Oui; mais à mon retour je n'ai plus rien trouvé. Cet ami
a disparu. Calomnié, condamné, on ne connaît plus son asile.
J'ai plaidé sa cause; le ministre a reconnu l'erreur des magis-
trats. On le cherche partout à ma sollicitation; mais où le re-
trouver? à peine si j'ai pu moi-même désigner quelqu'un de
ses traits; je ne l'ai vu qu'un soir, dans la nuit, un instant;
vingt ans se sont passés, et je le verrais là sans pouvoir le re-
connaître! Existe-t-il encore? Ses malheurs, sa vieillesse!..
Ah! je n'ai plus d'espoir! je suis seul sur la terre!

**MINA,** *avec intérêt.*

Comment, aucune trace? aucun renseignement?..

**HENRI.**

Un seul, mais bien cruel. Cette femme chérie qui partagea
mon infortune a succombé peu de jours après mon départ;
dans les archives d'une église de Leipsick, j'ai trouvé la preuve

de sa mort. Mais son enfant, ma fille? qu'est-elle devenue! et qui me la rendra?

**MINA.**

Ah! c'était une fille?

**HENRI.**

Oui; qui serait à peu près de votre âge. Peut-être aurais-je pu vous la faire connaître... et devenue votre compagne, peut-être on l'aurait aimée dans la famille.

**MINA,** *attendrie.*

Est-il possible?.. Eh quoi, étrangère partout! n'ayant jamais connu le sourire d'une mère! Quel sort auprès du mien!.. Pauvre enfant! ô mon Dieu! je me mets à sa place!.. si le ciel me disait : Tu n'as plus de parens!.. Oh! je voudrais mourir!.. et je mourrais, je crois.

**HENRI,** *très touché.*

Pardonnez; j'ai eu tort de vous parler de moi et de troubler les idées riantes qui doivent seules vous occuper. Votre bonheur me charme; et combien votre père doit chérir son unique enfant!

**MINA,** *vivement.*

Son seul enfant?.. Oh! non! Limbourg ne vous a-t-il pas dit que j'avais un frère?.. je ne l'ai jamais connu; avant ma naissance il avait encouru la disgrace de mon père. Ma mère m'a raconté tout cela; elle le plaint beaucoup, m'en parle souvent, et m'a appris à prier Dieu pour lui.

**HENRI,** *très attendri.*

Et... vous désirez donc son retour?

**MINA,** *vivement.*

Son retour?.. Ah! monsieur, c'est mon vœu le plus doux! avec quelle joie je presserais sur mon cœur ce premier ami que la nature m'avait donné!.. Et ces biens, ces richesses que l'on croit à moi seule... Oh! non, Limbourg m'approuve et me comprend! mon frère reviendra, ma fortune est à lui comme mon amitié!.. Et puissions-nous un jour le consoler de tout ce qu'il a souffert!

**HENRI,** *vivement.*

Mais peut-il se flatter de partager aussi les embrassemens de votre père?

**MINA.**

Mon père?.. Oh! oui, monsieur... il est triste souvent, n'ose avouer pourquoi; nous ménageons sa faiblesse; la moindre émotion peut devenir funeste à son âge; mais il a des regrets, je n'en saurais douter; et sans en être vue, je l'entendis un jour s'écrier en pleurant : Mon fils, mon fils!.. oh, reviens près de moi!

HENRI, *avec une émotion croissante.*

Est-il vrai ?.. Eh quoi... Henri peut revenir? obtenir son pardon ?

MINA, *surprise.*

Henri ?.. vous savez donc qu'il s'appelait ainsi ?

HENRI.

Oui, oui, je l'ai connu, je sais tous ses chagrins.

MINA, *vivement.*

Vous l'avez vu, monsieur? En quel temps? quel pays?

HENRI.

Je viens parler pour lui.

MINA.

Ah, que m'apprenez-vous !

HENRI.

Solliciter sa grace !

MINA.

Nous l'obtiendrons, monsieur !

HENRI.

Que le ciel vous entende !

MINA.

Ah, qu'il vienne, qu'il vienne! où est-il?

HENRI.

Près d'ici.

MINA.

Quelle joie !

HENRI.

Il saura votre amitié pour lui.

MINA.

Ah! je vous aime aussi, vous ramenez mon frère! Quel jour!.. Ah! maintenant tout est bonheur pour moi !

## SCENE IV.

Les Mêmes, LIMBOURG *pâle et tremblant, suivi par madame de Lindorf qui a l'air de le supplier.*

### CHANT.

LIMBOURG.

Oh ciel ! oh ciel ! qu'osez-vous dire !
Quel mot affreux ! ah ! laissez-moi !
Me la ravir ! est-ce un délire ?
Elle a mon cœur, elle a ma foi !

MAD. DE LINDORF.

Oh ciel! oh ciel! votre délire
Dans tous mes sens, jette l'effroi!
Ah! gardez-vous de lui rien dire!
Prenez, hélas! pitié de moi!

MINA, effrayée.

Quels cris!..

LIMBOURG, courant à Mina.

Mina!..

MAD. DE LINDORF, voyant Mina.

Tout est perdu!

MINA, interrogeant des yeux.

Limbourg?...

LIMBOURG, regardant madame de Lindorf.

L'ai-je bien entendu!

MINA, à Limbourg.

Parlez!

LIMBOURG, à Mina.

Sans m'apprendre la cause
D'un changement soudain qui me glace d'effroi,
Elle dit que le ciel à notre hymen s'oppose,
Implore mon silence, et me demande à moi!
De vous abandonner et de trahir ma foi!

MINA.

Oh! mon Dieu! que dit-il, ma mère?


# SCENE V.

Les Mêmes, M. DE LINDORF, *tenant le papier que le baron a fait voir à sa sœur au second acte,* LE BARON *le suivant ainsi que* GEORGET *et* MARINETTE.

M. DE LINDORF.

Oh ciel! oh ciel! ah! quel mystère!
O désespoir pour ma maison!
Dans ma douleur, dans ma colère
Je vois partout la trahison!

MAD. DE LINDORF, au baron.

Quoi, cet écrit?.

LE BARON, désignant M. de Lindorf.

Il avait tout appris;
Je n'ai pu refuser...

MINA, s'emparant du papier.

Mon père!
Pardon! prenez pitié de l'état où je suis!

*Quelques mesures de ritournelle tremblée.*

MINA et LIMBOURG, ayant lu.

Oh ciel!..

HENRI, surpris.

Pourquoi ces pleurs? Et quel est ce mystère?

MINA, *à genoux les yeux au ciel.*

## ROMANCE.

Trop de bonheur embellit mon jeune âge !
Le malheur vient, il faut subir sa loi ;
Mais, ô mon Dieu ! soutenez mon courage !
J'espère en vous ; ayez pitié de moi !
Orpheline, hélas ! sur la terre,
Au ciel je dois trouver un père !

*Se levant et regardant tour à tour M. et Mad. de Lindorf.*

Quels tendres soins vous coûta mon enfance !
Quoi ! tant d'amour, n'était donc qu'une erreur !
Et cependant aucune différence,
Dans l'amitié que vous gardé mon cœur.
Orpheline, hélas ! sur la terre
Au ciel je dois trouver un père !

*Tous restent dans l'accablement. Mina est assise à l'écart presque évanouie entourée de Limbourg et de madame de Lindorf.*

## SCENE VI.

### Les Mêmes, UN OFFICIER.

GEORGET, *regardant.*

Quel est cet officier dans le jardin ?

M. DE LINDORF, *à tout le monde.*

Silence ! il vient à nous.

L'OFFICIER, *saluant.*

M. de Lindorf, je vous prie ?

M. DE LINDORF, *cachant son trouble.*

C'est moi, monsieur.

L'OFFICIER.

Pardon ; mon devoir m'amène en ces lieux. Hier au soir, des ordres que j'avais m'ont fait arrêter un homme que j'ai gardé toute la nuit au prochain village. Je crois qu'il est vraiment celui que nous cherchions ; mais des paysans prétendent qu'il est berger dans une de vos fermes.

MARINETTE, *à part.*

Oh ! mon Dieu !

L'OFFICIER, *continuant.*

Alors j'ai cru devoir le conduire ici pour éclaircir mes doutes. Il ne voulait pas nous suivre.

M. DE LINDORF.

Quoi ? serait-ce Marcel ?

L'OFFICIER.

C'est le nom qu'il se donne. Le voici.

MARINETTE, *à part.*

Je crains de le trahir en courant près de lui!

GEORGET, *bas à sa femme.*

Là! que t'avais-je dit?

M. DE LINDORF, *à l'officier.*

Monsieur, permettez-vous que je lui parle seul? Je vous réponds de lui.

L'OFFICIER, *se retirant dans le jardin.*

Il suffit, j'attendrai près d'ici.

## SCÈNE VII.

Les Mêmes, VALENTIN, *conduit par deux soldats qui restent dans le jardin.*

M. DE LINDORF.

Approchez-vous, Marcel; expliquez-moi ce qu'on vient de me dire. Où alliez-vous donc cette nuit? Vous êtes arrêté; c'est une méprise sans doute? et si je puis vous être utile...

VALENTIN, *résigné.*

Oh! monsieur, grand merci. Ils ont voulu m'amener ici, mais pourquoi? que pourrez-vous leur dire? je ne vous suis connu que depuis peu de temps; d'où vous suis-je arrivé? quel fut mon sort? quelle fut ma conduite pendant soixante-dix ans? voilà ce que vous ne direz pas, et voilà justement ce que voudrait savoir cet honnête officier. Adieu, monsieur, je ne vous reverrai plus; un jour, peut-être, on vous dira qui j'étais et vous me plaindrez un peu; madame de Lindorf aussi bonne que vertueuse, donnera une larme au vieux berger, et mademoiselle Mina dont le sourire me faisait oublier mes peines, saura que son bonheur, celui de son époux... (*En cherchant Mina des yeux, il l'aperçoit dans l'attitude du désespoir et court vitement à elle.*) Oh! ciel! que vois-je ici? que s'est-il donc passé?.. (*La prenant dans ses bras et la conduisant sur le devant du théâtre.*) Pourquoi cette pâleur et cette main glacée?.. (*Pleurant.*) Mon enfant! mon enfant!.. parlez, ne craignez rien, je suis encore ici; le ciel m'a ramené! courage! oh! réponds-moi!

LE BARON, *très surpris.*

Quel étrange discours!

MAD. DE LINDORF, *de même.*

Quelle émotion!

M. DE LINDORF, *de même.*

Il pleure!

LIMBOURG, *de même.*

Il est tremblant!

**VALENTIN,** *à Mina.*

Quel est donc ce malheur?

**MINA,** *d'une voix affaiblie.*

La mort est mon espoir!.. Ces parens si chéris, vous voyez leur douleur, la mienne!.. Marcel! ô mon ami!.. je ne suis pas leur fille!

**VALENTIN,** *très fort.*

Comment! qui dit cela?

**MARINETTE.** *vivement.*

Sa nourrice, en mourant... un aveu par écrit...

**VALENTIN,** *de même.*

Et que dit cet écrit?

**MAD. DE LINDORF,** *de même.*

Que ma fille étant morte, cette femme coupable acheta Mina d'un mendiant qui passait.

**VALENTIN.**

D'un mendiant!.. après?

**MAD. DE LINDORF.**

Voilà tout.

**VALENTIN.**

Rien de plus?.. et qui vous a remis ce billet si discret?

**MAD. DE LINDORF.**

Mon frère.

**M. DE LINDORF.**

Il assista lui-même aux derniers momens de cette malheureuse.

**VALENTIN,** *avec amertume, mais à voix basse.*

Ah! fort bien! le baron!.. le baron de Tilmer!

**LE BARON,** *à part et très vivement.*

Ce regard, cette voix!..

**HENRI,** *à part.*

Que veut donc ce vieillard?

**VALENTIN.**

Et monsieur le baron n'a-t-il pu découvrir quelque complice de la fourberie?

**LE BARON,** *allant vivement à lui.*

Des complices! comment?..

**VALENTIN,** *bas, lui saisissant le bras.*

Taisez-vous! jamais je ne me venge.

**LE BARON,** *à part.*

C'est lui!

**MAD. DE LINDORF,** *vivement au baron.*

Que vous dit-il tout bas?

**VALENTIN**, *avec douceur.*

Rien, madame, c'est tout haut que je parlerai; je ne dois plus me taire... (*Prenant la main de Mina.*) Pauvre jeune fille! toi modèle de grace et d'innocence, accoutumée au bonheur que la richesse répand sur la vie, portant le nom d'une noble famille!.. tu vivrais désormais orpheline, ignorée, sans pouvoir deviner qui te donna le jour?.. Oh! non rassure-toi, je te dirai ton sort; j'y donnai tous mes soins, il m'occupa depuis ta naissance, et c'est moi qui t'ai mis dans les bras de cette nourrice coupable.

**MINA.**

Vous!

**MAD. DE LINDORF.**

Ciel!

**LIMBOURG.**

Qu'entends-je?

**LE BARON**, *à part.*

Bon! pas un mot de moi!

**M. DE LINDORF**, *à Valentin.*

Quoi? seriez-vous son père?

**VALENTIN**, *avec une fière sensibilité.*

Et quand il serait vrai?.. me croyez-vous indigne de ce titre? ces habits de l'indigence ne peuvent-ils cacher un cœur noble et sensible?.. est-ce de vous que j'apprendrai comment on aime ses enfans?..ai-je banni les miens?.. abandonné leur vie au hasard et à la misère?.. Et vous!.. vous! votre fils!.. qu'en avez-vous donc fait?

**HENRI**, *à part et toujours à l'écart.*

Quelle surprise, oh! ciel!

**VALENTIN**, *continuant.*

Il serait là pour vous consoler aujourd'hui; vous n'auriez pas tout perdu, il aurait charmé vos derniers jours! Vous pleurez maintenant!.. j'aurai pitié de vous. Apprenez mon secret; ce fils infortuné que je ne puis vous rendre, il était père aussi; et dans son abandon, se fiant à ma foi, son enfant au berceau laissé dans ma famille!..

**HENRI**, *courant à Valentin.*

Oh! Dieu!

**VALENTIN**, *se retournant.*

Qui parle ainsi?..

*Musique tremblée.*

**HENRI**, *saisissant la main de Valentin.*
Dieu puissant!

**VALENTIN**, *surpris.*
Sa main tremble!

Le Marchand forain.

9.

HENRI, *respirant à peine.*

Ah !..

VALENTIN.

Parlez !

HENRI.

Quel espoir !

VALENTIN.

Qu'est-ce donc ?

HENRI, *écartant les cheveux blancs de Valentin.*

Il me semble !..

VALENTIN.

Que veut-il ?

HENRI.

Te bien voir !

VALENTIN, *le regardant aussi.*

Ah ! quels traits !

HENRI.

Trouble extrême !

VALENTIN.

Mon cœur bat !

HENRI.

Vous aussi !..

VALENTIN.

Oh ! mon Dieu !...

HENRI.

C'est lui-même !

VALENTIN, *s'écriant.*

Henri !..

TOUS LES AUTRES.

Ciel !

VALENTIN *et* HENRI, *dans les bras l'un de l'autre.*

Mon ami !

MINA *et* LIMBOURG.

Oh ! retour plein de charmes !

M. ET MAD. DE LINDORF, LE BARON, MARI-
NETTE, GEORGET.

Quel soupçon !

VALENTIN, *chancelant.*

Plus de larmes !

HENRI.

Ah ! dis-moi tout mon sort !

VALENTIN.

Soutiens-moi... mon transport...

HENRI, *l'interrogeant.*

Eh bien?

VALENTIN, *cherchant des yeux.*

Où donc est-elle ?
Mina... viens... je t'appelle.

MINA, *près de lui.*

Eh bien ?

VALENTIN, *la jetant dans les bras de Henri.*

Je puis mourir, j'ai rempli mon serment:
Mon noble bienfaiteur, je vous rends votre enfant.

*Ensemble.*

TOUS, *hors le baron.*

O Dieu puissant, ô providence !
Quel coup du sort, plus de douleur !
Quel avenir plein d'espérance !
Ah ! pour nous tous jour de bonheur !

LE BARON, *à part.*

Ah ! profitons de son silence,
Il est vraiment homme d'honneur.
Bravons le sort avec constance ;
Prenons un air de bonne humeur.

M. DE LINDORF, *embrassant son fils.*

Mon fils, oh ! mes regrets te vengeaient tous les jours.

MINA, *dans les bras de madame de Lindorf.*

Rien n'est changé pour nous.

MAD. DE LINDORF, *avec transport.*

Non, ta mère, toujours !..

HENRI, *à Valentin.*

Le prince a révoqué son injuste sentence
Pour te rendre au bonheur, c'est moi qui te cher-
     (chais.
Tes enfans rappelés...

VALENTIN.

Ah, mon repos commence.

MARINETTE, *à Valentin.*

Mon maître !..

VALENTIN.

Embrasse-moi.

GEORGET.

Fort bien, je le permets,

HENRI, *à madame de Lindorf.*

Madame, unissez nos enfans.

MAD. DE LINDORF, *les unissant.*

Mina... Limbourg...

LE BARON, *à part.*

Adieu, mes sensibles parens.

CHOEUR GÉNÉRAL.

*Ensemble.*

MARINETTE, M. ET MAD. DE LINDORF, MINA,
HENRI, LIMBOURG, à *Valentin.*

Que l'amitié, que la reconnaissance
Auprès de nous vous retienne à jamais ;
Et chaque jour, pour votre récompense,
Vous nous verrez heureux par vos bienfaits.

VALENTIN.

Votre amitié, votre reconnaissance
Auprès de vous me retient à jamais ;
Et chaque jour ma douce récompense
Sera de voir les heureux que j'ai faits.

GEORGET, *à part.*

Plus que jamais je soutiens et je pense
Que de Satan il connaît les secrets ;
Avec ma femme il est d'intelligence ;
Je vais toujours les surveiller de près.

LE BARON, *à part.*

Le vieux marchand m'a joué d'importance...
Il m'a surpris dans mes propres filets ;
Mais taisons-nous, et gardons l'espérance ;
Sur ses écus j'ai toujours des projets.

FIN.

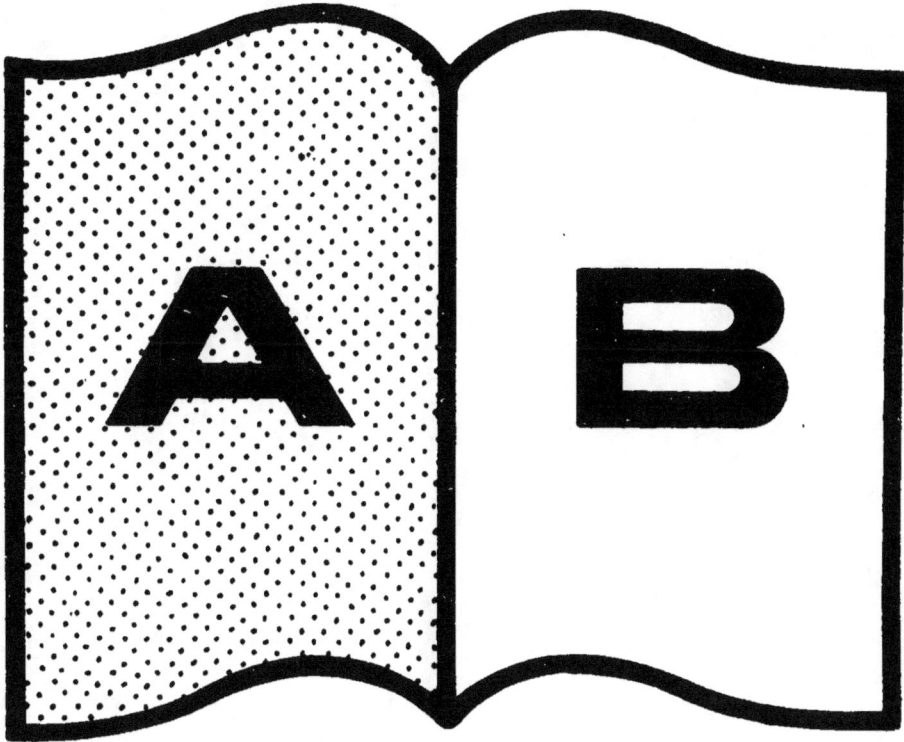

Contraste insuffisant

**NF Z** 43-120-14

www.ingramcontent.com/pod-product-compliance
Lightning Source LLC
LaVergne TN
LVHW022015080426
835513LV00009B/736